DROITS ET DEVOIRS

DU CITOYEN

ANALYSE RAISONNÉE DU CODE CIVIL

PAR

E. DUTILLEUL

Avocat à la Cour impériale

PARIS

N. J. PHILIPPART, ÉDITEUR

RUE HONORÉ-CHEVALIER, 4

ET DANS LES DÉPARTEMENTS

CHEZ TOUS LES LIBRAIRES

1862

TABLE DES MATIÈRES

FIN DE LA TABLE DES MATIÈRES

DROITS ET DEVOIRS
DU CITOYEN

INTRODUCTION.

Droits et devoirs : pour que ces mots soient bien compris, il est nécessaire de préciser quelles sont, quelles devraient être, si l'on veut, les bases de l'association humaine, quelles sont quelques-unes des lois de la vie sociale.

Ces bases, ces lois, reposent sur un pivot mobile : sur l'intelligence toujours en quête du mieux, subissant la loi fatale du progrès. Le législateur s'incline devant les besoins nouveaux, adopte, modifie ou rejette successivement ses formules, et ne s'arrête que lorsqu'il croit avoir trouvé l'expression vraie des mœurs et des idées du moment. Si les révisions se font trop attendre, la magistrature adoucit elle-même ce qui se trouve en trop flagrante opposition avec les nécessités nouvelles, et se met, par voie de tempéraments, au niveau des circonstances devant lesquelles les gouvernements demeureraient trop longtemps immobiles.

C'est un travail qui se fait lentement, qui se mûrit à la chaleur que fournissent les générations faisant place à celles qui les refoulent. C'est en effet une œuvre destinée à l'humanité tout entière; les rapports des peuples entre eux sont analogues à ceux des citoyens d'un même pays, à ceux des membres d'une même famille. Ce n'est point seulement la nation qui a développé le progrès qui en profite, les autres peuples se l'approprient bientôt, en lui donnant les nuances que réclament les différences des latitudes, des traditions et des caractères.

C'est par cette mutualité d'échanges que les hommes se rapprochent, et, tout en conservant leur individualité, se fusionnent dans une sorte d'unité, représentée par des lois générales.

Ces lois ne sont pas sauvegardées par le respect qu'inspire la vieillesse, elles ne doivent leur perfection qu'à leur mutabilité, encore bien qu'il faille s'y soumettre, jusqu'au moment de leur abrogation.

L'on ne vit réellement qu'en cherchant les raisons et les conditions de la vie ; c'est alors que commence la lutte du bien contre le mal, de la science contre l'ignorance, de la liberté contre l'oppression. La société étant la vie de l'homme, et la raison moderne n'ayant point encore complétement dégagé la vérité philosophique des traditions historiques, ou des erreurs humaines, il faut à l'homme des règles de conduite qui puissent être invoquées et contre lui et en sa faveur, en l'obligeant sinon à donner une partie des avantages qu'il reçoit des autres, du moins à respecter l'indépendance de ces derniers.

L'on a déjà compris que nous n'entendons pas faire un ouvrage politique et que c'est en puisant exclusivement dans nos lois que nous formerons notre recueil des Droits et des Devoirs du citoyen ; nous n'avons pas la prétention de tout dire à cet égard ; nous nous bornerons à fournir des notions utiles.

CHAPITRE PREMIER. — HISTORIQUE.

Avant la Révolution, la France était divisée en pays de droit écrit et pays de coutumes. Les ordonnances du roi étaient seules obligatoires pour tout le royaume ; c'est le code Napoléon qui aujourd'hui réglemente l'empire.

Le Code civil reçut force de loi dans les pays qui furent successivement réunis à la France, en Italie (décret 30 mars 1806), dans le royaume de Hollande (décret 18 octobre 1810), dans les départements anséatiques (sén.-cons. 13 décembre 1810), dans le grand-duché de Berg (décr. imp. 17 décembre 1811).

Il fut introduit dans le grand-duché de Varsovie, où il forme encore, en grande partie, la base de la législation ; il fut admis par la ville libre de Dantzig, par les grands-duchés de Baden, de Francfort, de Nassau, et par le royaume de Westphalie.

En Allemagne le Code civil a encore sa force obligatoire dans les départements de la rive gauche du Rhin restitués par la France, et dans les grands-duchés de Bade et de Berg.

§ Ier. *Jouissance des droits civils.*

Tout Français jouit des droits civils. C'est une conséquence du principe que tous les Français sont égaux devant la loi.

Tout enfant né, en pays étranger, d'un Français suit la qualité de son père, il est Français. Si son père a perdu la qualité de Français, l'enfant pourra la recouvrer. L'étrangère qui épouse un Français devient Française. La Française qui se marie à un étranger devient étrangère.

§ 2. *Privation des droits civils.*

La qualité de Français se perd par la naturalisation acquise en pays étranger; par l'acceptation non autorisée par le gouvernement de fonctions publiques conférées par un gouvernement étranger; par tout établissement fait en pays étranger, sans esprit de retour.

La patrie, comme une bonne mère, ouvre cependant ses bras à l'enfant qui se souvient d'elle, et la qualité de Français peut se recouvrer (art. 18 C. Nap.). Il en est de même pour la Française veuve d'un étranger.

§ 3. *Actes de l'état civil.*

Les actes de l'état civil énonceront l'année, le jour et l'heure où ils seront reçus, les prénoms, nom, âge, profession et domicile de tous ceux qui y seront dénommés (art. 34).

Précautions salutaires qui conservent les archives généalogiques des familles, et servent à établir quels sont les droits de chacun, eu égard à la qualité d'héritier.

Les parties, en certains cas, peuvent se faire représenter ces actes en vertu d'une procuration spéciale et authentique.

Les actes sont inscrits, dans chaque commune, sur un ou plusieurs registres tenus doubles, et toute personne a le droit de se faire délivrer des extraits de ces registres.

§ 4. *Des actes de naissance.*

Les déclarations de naissance seront faites, dans les trois jours de l'accouchement, à l'officier de l'état civil. L'enfant lui sera présenté (art. 55).

La naissance de l'enfant doit être déclarée par le père, à son défaut par les docteurs en médecine ou chirurgie, sages-femmes, officiers de santé ou autres personnes qui auraient assisté à l'accouchement, et, lorsque la mère sera accouchée hors de son domicile, par la personne chez qui elle sera accouchée.

Toute personne qui aura trouvé un enfant nouveau-né sera tenue de le remettre à l'officier civil, ainsi que les vêtements et autres effets trouvés avec l'enfant et de déclarer toutes les circonstances du temps et du lieu où il aura été trouvé.

C'est afin d'empêcher des suppressions ou suppositions d'enfant et de permettre aux parents chez lesquels se réveille le sentiment de la paternité, de retrouver la trace de l'enfant exposé.

§ 5. *Des actes de décès.*

Aucune inhumation ne sera faite sans une autorisation sur papier libre et sans frais de l'officier public.

L'acte de décès est dressé sur la déclaration de deux témoins.

En cas de décès dans les hôpitaux militaires, civils ou autres maisons publiques, il en est donné avis dans les 24 heures à l'officier de l'état civil qui enverra l'acte de décès à celui du dernier domicile du décédé.

Lorsqu'il y a des signes ou indices de mort violente, l'inhumation n'a lieu qu'après un procès-verbal dressé par un officier de police, assisté d'un docteur en médecine ou en chirurgie.

Dans tous les cas de mort violente, ou dans les prisons et maisons de réclusion, ou d'exécution à mort, il ne sera fait sur les registres aucune mention de ces circonstances.

CHAPITRE II. — DU DOMICILE.

Le domicile de tout Français est au lieu où il a son principal établissement.

Le mot domicile a une double acception ; l'une légale, l'autre pratique. Le domicile consiste, dit M. Demante, dans la relation établie par la loi entre la personne et le lieu.

Les Grecs appelaient πάροιχον (d'où les mots *parochus, parochianus, paroissien)*, et les Romains *incola*, toute personne ayant acquis domicile dans une localité quelconque de leur territoire, et ἄποιχον, *advena*, celle qui n'y faisait qu'une résidence momentanée.

Le domicile existe au point de vue légal, même quand aucun signe extérieur ne révèle son existence : tel est le domicile d'origine ; la résidence exige une habitation réelle.

Il y a le domicile civil et le domicile politique ; le domicile civil est soit réel ou général, soit électif ou spécial (Zacchariæ). Le domicile réel constitue de droit le domicile politique, à moins de déclaration contraire (L. 17 avril 1831).

Il y a encore le domicile de secours, c'est à dire le lieu où l'homme indigent a droit aux secours publics. Il est réglé par le décret du 24-27 vendémiaire an II.

§ 1er. *Domicile d'origine. Changement de domicile.*

La naissance donne le premier domicile — celui du père, — celui de la mère, si l'enfant naturel n'est reconnu que par elle. En cas de mort de ses père et mère, l'enfant prend le domicile de son tuteur.

Le domicile de l'enfant naturel non reconnu est dans l'hospice où il a été reçu, ou bien celui de la personne qui le prend à sa charge, avec la volonté de le conserver. Ce domicile se conserve tant qu'il n'y a pas manifestation contraire.

A son émancipation ou à sa majorité l'homme peut se choisir un domicile à son gré.

Tout individu peut avoir plusieurs résidences, mais ne saurait avoir qu'un domicile (102 C. Nap.).

On ne peut point ne pas avoir de domicile ; le domicile de tout Français est là où il a son principal établissement (102 C. Nap.)

Le changement de domicile (art. 103) s'opère par le fait d'une habitation réelle dans un autre lieu, joint à l'intention d'y fixer son principal établissement.

Cette intention se manifeste par une déclaration tant à la municipalité du lieu que l'on quitte qu'à celle du lieu où l'on transfère son domicile (104).

Pour les enfants de troupe, le domicile quant au mariage est sous les drapeaux (Instruction du ministre de la guerre, 24 brumaire an XII). Cette exception est fondée sur l'obligation des six mois d'habitation continue dans le lieu où se célèbre le mariage.

Les employés des administrations, dont la résidence est changeante comme celle des militaires, conservent le domicile qu'ils avaient avant leur entrée en fonctions.

§ 2. *Domicile civil des fonctionnaires publics.*

Le citoyen appelé à une fonction publique temporaire ou révocable conservera le domicile qu'il avait auparavant s'il n'a pas manifesté d'intention contraire (Art. 106).

L'acceptation de fonctions conférées à vie emportera translation immédiate du domicile du fonctionnaire dans le lieu où il doit exercer ses fonctions (Art 107).

Le domicile d'un fonctionnaire public révocable est au lieu où il remplit ses fonctions, lorsqu'il a transporté dans ce lieu sa famille et son ménage.

§ 3. *Personnes qui ne peuvent se choisir un domicile réel.*

La femme mariée n'a pas d'autre domicile que celui de son mari. Le mineur non émancipé aura son domicile chez son père et sa mère ou tuteur. Le majeur interdit aura le sien chez son tuteur. Art. 108.

La femme peut, comme sous l'ancien droit, quand elle est séparée de corps, se choisir le domicile qui lui convient.

Les majeurs qui servent ou travaillent habituellement chez autrui auront le même domicile que la personne qu'ils servent, ou chez laquelle ils travaillent, lorsqu'ils demeureront avec elle dans la même maison. Art. 109.

§ 4. *Effets du domicile réel.*

Le lieu du payement, à défaut de conventions ou de circonstances spéciales, est fixé au dernier domicile du débiteur. Art. 1247.

Toute personne lésée par un délit de presse peut porter plainte devant les juges de son domicile, si la publication y a été effectuée.

Tout Français appelé par la loi du recrutement doit se présenter pour le tirage au sort au lieu de son domicile.

Les étrangers doivent être ajournés au lieu de leur résidence, quand ils n'ont pas de domicile en France. Art. 14.

Il est dû une contribution mobilière dans tous les lieux où l'on a une habitation.

§ 5. *Domicile politique.*

Nous vivons dans des temps où les droits politiques sont vivement appréciés ; il importe dès lors qu'on en connaisse l'étendue et leur mode d'exercice.

Le domicile politique est le lieu où l'on est appelé à exercer les droits politiques attachés à la qualité de citoyen.

La loi du 17 avril 1831 contient cette disposition : « Le domicile politique de tout Français est dans l'arrondissement électoral où il a son domicile réel. »

On peut changer ce domicile ; mais il faut, pour exercer ses droits politiques au nouveau domicile, une déclaration expresse de translation, six mois à l'avance, au greffe du Tribunal civil où l'on a son domicile politique, et au greffe du Tribunal civil de l'arrondissement où l'on veut le transférer.

§ 6. *Élections départementales.*

Si un électeur qui, aux termes de l'art. 10, L. 19 avril 1831, a choisi son domicile réel, veut coopérer à l'élection des conseillers de département ou d'arrondissement, dans le canton de son domicile réel, il est tenu d'en faire, trois mois d'avance, une déclaration aux greffes des justices de paix du canton de son domicile politique et de son domicile réel. L. 22 juin 1833, art. 29.

Tout citoyen payant dans un canton une somme de contributions qui le placerait sur la liste des plus imposés, peut se faire inscrire, bien qu'il n'y ait point son domicile réel, en remplissant les formalités ci-dessus indiquées. La déclaration doit précéder de trois mois la clôture des listes annuelles.

Lorsque c'est à titre de capacité et non de censitaire que l'on veut exercer ce droit, la déclaration doit avoir lieu, six mois à l'avance, aux greffes des tribunaux civils. L. 19 août 1831.

Nul ne peut exercer le droit d'électeur dans deux arrondissements électoraux, en matière d'élections législatives ou départementales.

CHAPITRE III. — DES ABSENTS.

§ 1er. *Présomption d'absence.*

Lorsqu'une personne aura cessé de paraître au lieu de son domicile ou de sa résidence et que depuis quatre ans on n'en aura point eu de nouvelles, les parties intéressées pourront se pourvoir devant le Tribunal civil de première instance, afin que l'absence soit déclarée. Il est procédé à une enquête contradictoire avec le procureur impérial, et le jugement d'envoi en possession provisoire est rendu un an après celui qui a ordonné l'enquête.

§ 2. *Envoi en possession définitif.*

Si l'absence a continué pendant trente ans, depuis l'envoi provisoire, ou depuis l'époque à laquelle l'époux commun aura pris l'administration des biens de l'absent, ou s'il s'est écoulé cent ans révolus depuis la naissance de l'absent, les cautions seront déchargées ; tous les ayants droit pourront demander le partage des biens de l'absent, faire prononcer l'envoi en possession définitif par le Tribunal de première instance. Art. 129 C. Nap.

L'époux absent dont le conjoint a contracté une nouvelle union est seul recevable à attaquer ce mariage par lui-même ou par un fondé de pouvoirs muni de la preuve de son existence. Art. 139.

CHAPITRE IV. — DU MARIAGE.

Lorsque le christianisme eut pu substituer ses cérémonies à celles des païens, Justinien (novelle 74) ordonna que les mariages des personnes élevées en dignités, *senatores et magnificentissimi illustres,* s'établiraient par contrat; les citoyens d'un rang inférieur furent soumis à la déclaration de leur mariage dans une église en présence de témoins.

Le concubinage domestique fut l'objet de dispositions prohibitives sévères, mais s'effaça lentement et fit place à une sorte de mariage qui a encore lieu en Allemagne sous le nom de mariage de la main gauche ou morganatique.

§ 1er. *Age et consentement.*

L'homme avant dix-huit ans révolus et la femme avant quinze ans ne peuvent contracter mariage; mais le chef de l'État peut accorder des dispenses d'âge, délivrées conformément à l'arrêté du 20 prairial an xi; une des conditions essentielles est le consentement des contractants.

L'interdit ne peut donc se marier.

L'impuissance, la stérilité, un défaut de conformation, ne sont point des causes de nullité de mariage.

§ 2. *Consentement des ascendants.*

Le fils qui n'a pas atteint l'âge de vingt-cinq ans accomplis, et la fille qui n'a pas vingt et un ans accomplis ne peuvent contracter mariage sans le consentement de leur père et mère.

En cas de dissentiment, le consentement du père suffira; celui de la mère suffira si le père ne peut manifester sa volonté.

Le consentement doit être notarié.

Quand il n'y a pas d'ascendants, à vingt et un ans les individus de l'un et de l'autre sexe peuvent se marier sans aucun consentement; au-dessous il faut l'avis du conseil de famille.

Les hommes après vingt-cinq ans, les femmes après vingt ans, ont le droit de faire des actes respectueux, c'est-à-dire, demander par acte *respectueux et formel* le consentement de leur père et de leur mère, à défaut de ceux-ci, de leurs aïeuls ou aïeules. Art. 151.

§ 3. *Parenté, alliance.*

Le mariage est prohibé en ligne directe entre tous les ascendants et descendants en ligne directe légitimes et naturels et les alliés dans la même ligne.

En ligne collatérale le mariage est prohibé entre le frère et la sœur légitimes ou naturels et les alliés au même degré ;

Ainsi qu'entre l'adoptant, l'adopté et ses descendants ; entre les enfants adoptifs du même individu ; entre l'adopté et les enfants qui pourraient survenir à l'adoptant ; entre l'adopté et le conjoint de l'adoptant.

§ 4. *Veuvage récent.*

La femme ne peut contracter mariage qu'après dix mois révolus depuis la dissolution du mariage précédent. Quand il y a accouchement après dix mois du décès de l'époux, la veuve est réputée ne pouvoir être enceinte des œuvres de son mari.

§ 5. *Opposition à mariage. — Formalités.*

Le père, et à défaut la mère, et à défaut les aïeuls, peuvent faire opposition au mariage de leurs enfants et descendants, encore qu'ils aient atteint vingt-cinq ans accomplis.

Le mariage doit être célébré dans la commune où l'un des deux époux a son domicile, qui s'établit par six mois d'habitation continue.

Il faut quatre témoins majeurs.

Il y a deux publications à huit jours d'intervalle, un jour de dimanche.

Il est suppléé à l'acte de naissance par un acte de notoriété, signé par sept témoins de l'un ou de l'autre sexe, devant le juge de paix.

Cet acte devra être homologué par le tribunal.

§ 6. *Mariage à l'étranger.*

Le mariage est suffisamment justifié par un certificat de célébration, dressé suivant les lois du pays où il a été célébré, après publication en France, si les époux y avaient conservé domicile ; dans les trois mois après le retour en France, l'acte doit être transcrit sur le registre des mariages, au domicile des époux. La femme étrangère ou française suit la condition de nationalité de son mari.

§ 7. *Mariage* in extremis.

C'est celui qui est contracté à l'approche de la mort de l'une ou de l'autre des parties, entre personnes ayant jusque-là vécu irrégulièrement ensemble.

Le Code ne contient aucune disposition qui prohibe ces sortes de mariages. Il n'est pas juste de priver un mourant de la consolation d'assurer un état civil à ses enfants ou de transmettre son nom à une compagne fidèle.

CHAPITRE V. — ENFANTS NATURELS.

§ 1er. *Légitimation.*

Les enfants nés hors mariage, autres que ceux nés d'un commerce incestueux ou adultérin, peuvent être légitimés par le mariage.

La reconnaissance doit avoir lieu avant le mariage ou par l'acte même de célébration.

La légitimation peut avoir lieu, même en faveur des enfants décédés qui ont laissé des descendants.

§ 2. *Reconnaissance.*

La reconnaissance doit être faite par acte authentique.

La recherche de la paternité est interdite, celle de la mère est admise.

Toute recherche est défendue lorsque la reconnaissance n'en pourrait être la conséquence.

Il ne fallait pas permettre cette occasion de scandale, sans utilité pour l'enfant.

CHAPITRE VI.—DE L'ADOPTION ET DE LA TUTELLE OFFICIEUSE.

§ 1er. *De l'adoption.*

L'Assemblée constituante décréta le principe de l'adoption le 18 janvier 1792. C'est aux rédacteurs du Code Napoléon qu'il était réservé de créer le titre de l'adoption.

§ 2. *Différentes espèces d'adoption.*

On distingue trois espèces d'adoptions : 1° l'adoption ordinaire qui a les caractères d'une pure libéralité ; 2° l'adoption rémunératrice, en vue de reconnaître un grand service rendu par l'adopté en sauvant la vie à l'adoptant ; 3° l'adoption testamentaire qui n'est permise qu'au tuteur officieux.

§ 3. *Adoption ordinaire.*

L'adoption n'est permise qu'aux personnes *de l'un ou*

l'autre sexe, âgées de plus de cinquante ans, qui n'auraient, à l'époque de l'adoption, ni enfants ni descendants légitimes, et qui auraient au moins quinze ans de plus que les individus qu'elles se proposent d'adopter (Art. 343).

Il faut conclure de ces termes que l'existence d'enfants naturels, même reconnus, ou d'enfants adoptifs, n'est pas un empêchement à l'adoption.

Nul ne peut être adopté par plusieurs, si ce n'est par deux époux; nul époux ne peut adopter sans le consentement de l'autre époux.

La faculté d'adopter ne peut être exercée qu'envers l'individu à qui l'on aura, dans sa minorité, et pendant six mois au moins, fourni des secours ou donné des soins non interrompus.

Les nationaux seuls peuvent être adoptés, à moins qu'il n'existe des traités rendant communs aux étrangers les droits civils appartenant aux nationaux.

Après avoir été l'objet d'une vive controverse, la question de savoir si un enfant naturel pouvait être adopté a été résolue affirmativement, même par la cour de çassation.

§ 4. *Adoption rémunératrice.*

Cette adoption a lieu en faveur de celui qui aurait sauvé la vie à l'adoptant, soit dans un combat, soit en le retirant des flammes ou des flots (Art. 345).

M. Duranton ne pense pas que ces conditions soient limitatives : « Ce qu'il faut, dit-il, c'est un dévouement généreux et manifeste dans le but de sauver la vie à l'adoptant qui était en danger de la perdre. »

§ 5. *Irrévocabilité.*

Lorsque l'arrêt est inscrit, l'adoption est accomplie, tout est consommé ; désormais les qualités de père et de fils sont imprimées à l'adoptant et à l'adopté (Delvincourt).

L'adoption doit, à peine de nullité, être inscrite sur le registre de l'état civil de la municipalité de l'adoptant.

Les actes d'adoption sont soumis à un droit fixe de 1 franc (loi du 22 frimaire an VII) ; les jugements de première instance à celui de 50 francs ; les arrêts de cour impériale à celui de 100 francs (Loi du 28 avril 1816).

§ 6. *Adoption testamentaire.*

La tutelle officieuse est un contrat dont on ne trouve aucune trace dans les anciennes législations, et qui permet l'adoption à ceux qui craignent de mourir avant que celui qu'ils voudraient adopter ait atteint sa vingt et unième année.

Le tuteur officieux peut, dans la prévoyance de son décès, conférer l'adoption par acte testamentaire, olographe, public ou mystique.

Elle peut être conférée cinq ans après le commencement de la tutelle officieuse. Elle est révocable (Art. 361, 362).

Ce contrat d'adoption est passé devant le juge de paix du domicile de l'enfant, au droit fixe de 50 francs. Il n'est pas homologué par le tribunal.

Les père et mère du pupille conservent la puissance paternelle, l'administration de ses biens et la jouissance de ses revenus.

Le tuteur officieux contracte l'obligation de nourrir le pupille, de l'élever et de le mettre en état de gagner sa vie (364). Cette obligation pèse sur ses héritiers.

Le pupille a droit à des aliments sur les biens de son tuteur décédé sans l'avoir adopté.

La survenance d'enfants légitimes révoque l'adoption, s'ils existent encore au moment du décès de l'adoptant.

Le pupille, dans les trois mois qui suivent sa majorité, peut faire toutes réquisitions à fin d'adoption ; si elles sont sans résultat et que le pupille ne soit pas en état de gagner sa vie, le tuteur officieux peut être condamné à une indemnité.

CHAPITRE VII. — DE LA TUTELLE.

Le père est, durant le mariage, administrateur des biens personnels de ses enfants mineurs.

Il est comptable, quant à la propriété et aux revenus des biens dont il n'a pas la jouissance, et quant à la propriété seulement de ceux des biens dont la loi lui donne l'usufruit.

Le mineur est l'individu de l'un et de l'autre sexe qui n'a point encore l'âge de vingt et un ans accomplis.

Chez les Romains, la majorité était fixée pour l'un et l'autre sexe à l'âge de vingt-cinq ans révolus ; les filles jusqu'à douze ans et les garçons jusqu'à quatorze ans étaient désignés sous le nom d'impubères, puis sous celui de mineurs.

Les anciennes coutumes assignaient également cet âge de vingt-cinq ans comme le terme de la minorité.

La tutelle s'ouvre à la dissolution du mariage, arrivée à la mort naturelle ou civile de l'un des deux époux; elle appartient de plein droit au survivant.

Cependant le père peut nommer à la mère survivante et tutrice un conseil spécial, sans l'avis duquel elle ne pourra faire aucun acte relatif à la tutelle, à moins que le père spécifie les actes pour lesquels ce conseil est nommé.

Cette nomination doit être faite par acte de dernière volonté ou par une déclaration faite devant le juge de paix, assisté de son greffier ou devant notaires (1317).

Les Romains définissaient la tutelle *munus publicum*, soit parce qu'il importe à la société que les mineurs soient représentés, soit parce que nul ne peut s'en dispenser, à moins d'une excuse légale.

C'est une charge gratuite et personnelle.

Lorsque la mère convole à de secondes noces et que la tutelle lui est maintenue, le mari devient cotuteur et responsable.

Si le tuteur a, dans une circonstance particulière, des intérêts opposés à ceux du mineur, il est nommé un tuteur *ad hoc* ou spécial,

Un protuteur est indiqué lorsque le mineur possède des biens en France et dans les colonies.

Il y a quatre espèces de tutelles des enfants légitimes.

1º La tutelle légale; 2º la tutelle testamentaire; 3º la tutelle légitime des ascendants; 4º la tutelle déférée par le conseil de famille.

On compte quatre autre espèces de tutelle : 1º celle des interdits; 2º celle des enfants naturels; 3º celle des enfants trouvés placés dans un hospice ; 4º la tutelle officieuse.

§ 1er. *Tutelle légale.*

Le survivant des père et mère est de droit tuteur de ses enfants mineurs.

L'affection du père ou de la mère pour les enfants a paru une garantie suffisante, ce qui explique la dispense de certaines garanties, notamment celle de fournir caution; mais les biens du tuteur sont grevés d'une hypothèque légale.

Le père ne peut refuser la tutelle, la mère a la faculté de la refuser ou de s'en démettre.

Le père qui se remarie conserve la tutelle. La mère a besoin d'être maintenue tutrice par le conseil de famille, si elle convole à de nouvelles noces.

§ 2. *Curateur au ventre.*

Si la femme est enceinte lors du décès du mari, il est nommé un curateur au ventre, par le conseil de famille. La mère devient tutrice et le curateur subrogé tuteur (393).

Il suffit que la veuve déclare être enceinte, elle n'a aucune preuve à fournir.

§ 3. *Convol de la mère tutrice.*

Si la mère tutrice veut se remarier, elle doit, avant l'acte de mariage, convoquer le conseil de famille, qui décide si la tutelle doit lui être conservée. A défaut de cette convocation, elle perd la tutelle de plein droit et le mari devient responsable des suites de la tutelle indûment conservée (395). Le conseil de famille peut cependant la lui rendre.

Lorsque la tutelle est maintenue, le mari est cotuteur de plein droit et responsable de la gestion postérieure de sa femme.

Le mari cotuteur est maître de diriger l'éducation des enfants.

§ 4. *Tutelle testamentaire.*

Le droit individuel de choisir un tuteur, parent ou étranger, n'appartient qu'au dernier mourant des père et mère. Cette disposition n'est pas applicable au cas d'interdiction d'un majeur.

Sont privés de ce droit : 1º le mort civilement ; 2º celui qui a encouru la déchéance de la puissance paternelle pour avoir facilité la corruption de ses enfants ; 3º celui qui a été condamné à une peine afflictive et infamante ; 4º celui qui a été exclu de la tutelle ; 5º la mère remariée non maintenue dans la tutelle.

Le tuteur élu n'est pas tenu d'accepter la tutelle, s'il n'est pas dans la classe des personnes qu'à défaut de cette élection spéciale le conseil de famille eût pu désigner pour ces fonctions.

Cette nomination ne peut être faite que par disposition testamentaire ou par acte devant le juge de paix assisté de son greffier.

Le tuteur testamentaire peut être destitué.

On a la faculté de nommer deux tuteurs, l'un à la personne, l'autre aux biens.

§ 5. *Tutelle des ascendants.*

Lorsqu'il n'a pas été choisi au mineur un tuteur par le dernier mourant des père et mère, la tutelle appartient de droit à son aïeul paternel; à défaut de celui-ci, à son aïeul maternel. et ainsi en remontant, de manière que l'aïeul paternel soit toujours préféré à l'ascendant maternel du même degré.

Si à défaut de l'aïeul paternel et de l'aïeul maternel du mineur, la concurrence se trouve établie entre deux ascendants du degré supérieur qui appartiennent tous deux à la ligne paternelle du mineur, la tutelle passe de droit à celui des deux qui se trouve être l'aïeul paternel du père du mineur.

Si la même concurrence a lieu entre deux bisaïeuls de la ligne maternelle, la nomination est faite par le conseil de famille qui choisit l'un deux.

Si la mère est privée de la tutelle par suite de son convol, il y a lieu à la tutelle dative et non à la tutelle légale des ascendants. Il en est de même en cas de destitution ou de démission du tuteur légal comme aussi en cas de refus de tutelle testamentaire.

§ 6. *Tutelle dative, déférée par le conseil de famille.*

A défaut de tuteur légal ou testamentaire, ou bien encore s'il existe des causes d'excuse ou d'exclusion, le tuteur du mineur non émancipé est nommé par le conseil de famille.

§ 7. *Excuses.*

Peuvent se dispenser de la tutelle, porte l'acte du 18 mai 1804, les princes du sang, les amiraux et les maréchaux de France, les inspecteurs et colonels généraux et les grands officiers de la couronne, les pairs de France (aujourd'hui les sénateurs), les membres de la chambre des députés, les ministres et les conseillers d'État;

Les présidents et conseillers à la cour de cassation, le procureur général et les avocats généraux à la même cour (427 C. Nap.);

Les membres de la cour des comptes (L. 26 septembre 1807);

Les préfets (427 C. Nap.);

Enfin tous les citoyens exerçant une fonction publique dans un département autre que celui où la tutelle s'établit;

Les ministres du culte desservant les cures ou succursales et toutes personnes exerçant des fonctions ecclésiastiques exigeant résidence d'après les lois de l'État, et pour lesquelles

elles ont été agréées par le gouvernement (Avis du Conseil d'État approuvé le 20 novembre 1806).

Il en est de même des notaires, des militaires en activité de service et tous autres citoyens qui remplissent une mission hors du territoire.

Tout citoyen, non parent ni allié, ne peut être forcé d'accepter la tutelle que dans le cas où il n'existe pas, dans la distance de quatre myriamètres, des parents ou alliés en état de gérer la tutelle (432).

Tout individu âgé de soixante-cinq ans accomplis peut refuser d'être tuteur; celui qui a été nommé avant cet âge peut à soixante-dix ans se faire décharger de la tutelle.

Une infirmité grave et dûment justifiée est une cause de dispense.

Sont aussi des causes de dispense deux tutelles déjà acceptées, ou cinq enfants légitimes.

L'enfant conçu n'est pas compté comme existant.

L'enfant mort civilement est compté.

Les ascendantes peuvent ne pas accepter la tutelle qui leur est déférée.

Les autres femmes sont dans l'incapacité absolue d'être tutrices.

§ 8. *Incapacités.*

Sont incapables d'être tuteurs ou membres du conseil de famille : 1º les mineurs, excepté le père et la mère; 2º les interdits; 3º les femmes autres que la mère et les ascendantes; 4º tous ceux qui ont, ou dont les père ou mère ont avec le mineur un procès dans lequel l'état de ce mineur, sa fortune ou une partie notable de ses biens sont compromis.

La tutelle ne peut pas être déférée à un étranger non admis à jouir en France des droits civils.

§ 9. *Exclusion.*

Les causes d'exclusion de la tutelle sont : 1º la condamnation à une peine afflictive et infamante ;

Le condamné qui a subi sa peine peut être tuteur de ses enfants, sur un avis du conseil de famille ;

2º L'interdiction des droits de famille prononcée par les tribunaux ;

3º Une gestion attestant l'incapacité ou l'infidélité;

L'état de faillite n'est pas à lui seul une cause d'exclusion;

4º Une inconduite notoire.

§ 10. *Destitution.*

Les causes de destitution sont les mêmes que celles d'exclusion. La séduction de la pupille par le fils du tuteur est une cause de destitution, si elle est attribuée à la négligence.

Tout individu déchu ou destitué de la tutelle ne peut plus être membre d'un conseil de famille.

§ 11. *Du protuteur.*

Si le mineur domicilié en France possède des biens dans les colonies ou réciproquement, l'administration de ces biens est donnée à un protuteur. Le tuteur et le protuteur sont indépendants et non responsables l'un envers l'autre pour leur gestion respective. Cela n'a pas lieu lorsque la tutelle est exercée par le père ou la mère.

Les biens du protuteur sont frappés d'hypothèques légales comme ceux du tuteur.

Il est, comme le tuteur, incapable de recevoir même par testament, aucune libéralité de son pupille devenu majeur, tant que le compte de tutelle n'a pas été apuré.

§ 12. *Tutelle des enfants naturels.*

La tutelle des enfants naturels légalement reconnus est réglée d'après les mêmes principes que celle des enfants légitimes. Seulement il n'y a jamais lieu à la tutelle légale des ascendants.

§ 13. *Tutelle des enfants abandonnés.*

La tutelle des enfants recueillis dans les hospices appartient à la commission administrative de l'hospice, qui la défère à l'un de ses membres ; les autres membres forment le conseil de tutelle, véritable conseil de famille dans l'espèce. L. 15 pluv. an XIII ; décret 19 janvier 1811.

Si l'enfant a des biens, ils sont administrés par le receveur de l'hospice, sous la garantie de son cautionnement et sans qu'il puisse résulter aucune hypothèque légale sur les biens de l'administrateur tuteur.

§ 14. *Tuteur* AD HOC.

Le tuteur *ad hoc* est celui qui est donné à un mineur pour le représenter dans un cas spécial. Par exemple : lorsque le père a des intérêts à débattre avec ses enfants mineurs, pendant le mariage.

§ 15. *Subrogé tuteur*.

Dans toute tutelle, il y a lieu à nomination d'un subrogé tuteur.

Le devoir et l'intérêt du tuteur est de faire procéder à cette nomination, avant de s'ingérer dans la gestion de la tutelle.

Si les prévarications du tuteur ne sont point commises au vu et au su du subrogé tuteur, celui-ci n'en est pas responsable.

Le subrogé tuteur est spécialement chargé de requérir la confection de l'inventaire, après le décès du père ou de la mère du mineur. Celui dressé sans son concours est nul. Il doit requérir l'inscription hypothécaire sur les biens du tuteur. Il passe bail au tuteur des biens du mineur, après approbation du conseil de famille. Il assiste à la vente du mobilier ou des immeubles. Il se fait remettre les états de situation exigés du tuteur (410).

Ses biens ne sont point frappés d'hypothèque légale.

Ses fonctions cessent avec celles du tuteur.

La disposition de l'article 451 qui prescrit au tuteur de déclarer dans l'inventaire ce qui lui est dû par le mineur est inapplicable au subrogé tuteur.

§ 16. *Administration de la personne du mineur*.

Le tuteur doit prendre soin de la personne du mineur (art. 450), c'est-à-dire pourvoir à son entretien, à sa nourriture et à son éducation (Duranton).

Le tuteur qui a placé son pupille dans une pension est tenu d'en payer le prix, même après sa majorité, s'il n'a pas manifesté d'intention contraire. Mais il ne doit point d'aliments au delà des biens personnels du pupille.

Le choix du culte dans lequel l'enfant doit être élevé appartient au père ou à la mère qui en a la garde.

Si le tuteur a des sujets de mécontentement graves contre le mineur, il peut en référer au conseil de famille et provoquer la réclusion du mineur pendant un mois, si le mineur n'a point encore seize ans, et six mois, s'il a atteint cet âge.

§ 17. *Administration des biens*.

Le tuteur doit administrer les biens de son pupille en bon père de famille. Il est responsable des suites d'une mauvaise gestion.

Dans les dix jours qui suivront sa nomination, dûment

connue de lui, il doit requérir la levée des scellés, s'ils ont été apposés, et faire procéder immédiatement à l'inventaire des biens du mineur, en présence du subrogé tuteur.

S'il n'a pas été fait d'inventaire, la preuve de l'existence d'effets mobiliers peut avoir lieu par témoins.

Le tuteur doit déclarer, lors de l'inventaire, s'il lui est dû quelque chose par la succession, et dans le mois qui suit la clôture de l'inventaire, faire vendre, en présence du subrogé tuteur, aux enchères publiques, tous les meubles autres que ceux que le conseil de famille l'aurait autorisé à conserver en nature. Art. 452.

Les père et mère, tant qu'ils ont la jouissance légale des biens du mineur, ne sont pas astreints à la vente du mobilier. Quand le pupille a atteint sa dix-huitième année, cette vente est obligatoire, à moins de résolution contraire du conseil de famille. Mais, en tout cas, le tuteur doit faire faire à ses frais une estimation des objets conservés.

Lors de l'entrée en exercice de toute tutelle autre que celle des père et mère, le conseil de famille règle par aperçu la somme à laquelle devra s'élever la dépense du mineur et l'administration de ses biens.

En cas d'insuffisance des revenus, le conseil de famille peut autoriser le tuteur à prendre sur les capitaux les sommes indispensables pour payer le prix d'apprentissage du mineur, ou pour lui donner un état, une profession. — Duranton.

Le conseil de famille doit déterminer la somme à laquelle commence pour le tuteur l'obligation d'employer l'excédant des revenus, ou tous autres capitaux. Après le délai de six mois, les intérêts sont dus, à défaut d'emploi. Art. 455-456.

§ 18. *Actes que le tuteur peut faire seul.*

Le tuteur peut, en général, faire seul tous les actes que la loi répute actes de simple administration et de conservation des biens. — Duranton.

Il passe valablement les baux, en se conformant aux prescriptions de l'art. 1430 C. Nap., relatives au mari. Art. 1430.

Le tuteur peut consentir seul la vente des coupes de bois mis en coupes réglées, et continuer pour le mineur le commerce que faisaient ses père et mère, ou l'un d'eux.

Il a qualité pour recevoir les capitaux mobiliers, sauf à en faire emploi sous sa responsabilité ; il peut aussi transférer toutes rentes sur l'État, n'excédant pas 50 francs de rentes

(L. 24 mars 1806); il acquitte les dettes du mineur, même envers lui-même.

§ 19. *Actes qu'il ne peut faire seul.*

Certains actes sont trop importants pour être abandonnés
à l'appréciation seule du tuteur; ainsi il ne peut seul 1° emprunter; 2° aliéner les immeubles; 3° les hypothéquer ou les
donner en antichrèse; 4° abandonner des droits immobiliers;
5° accepter ou répudier des donations ou successions; 6° in-
troduire en justice des actions relatives à des droits immobiliers, ou acquiescer à des demandes de cette nature; 7° former des demandes en partage; 8° consentir le transfert de
rentes excédant 50 francs de revenu; 9° faire des constructions
ou de grosses réparations; 10° transiger.

Il faut l'autorisation du conseil de famille et l'homologation
du Tribunal.

§ 20. *Actes que le tuteur ne peut pas faire.*

Le tuteur ne peut pas acheter les biens de son pupille. On
devait craindre qu'il ne trouvât le moyen d'écarter les enché-
risseurs.

Il ne peut prendre à ferme les immeubles du mineur, à
moins d'autorisation du conseil de famille. Il ne peut se rendre cessionnaire de droits ou créances contre le mineur.
Art. 450.

La prescription est acquise contre le mineur au bout de
deux ans, à partir de sa majorité.

Le mineur devenu majeur qui s'est prévalu de ces actes ir-
réguliers est non recevable à en demander la nullité.

Le droit d'intenter l'action en nullité appartient aussi aux
créanciers agissant au lieu et place de leur débiteur. Art. 1166.

§ 21. *Fin de la tutelle.*

La tutelle finit par la mort naturelle ou civile du mineur ou
du tuteur, par l'émancipation ou la majorité du mineur, par
les excuses agréées du tuteur, sa destitution ou la non-main-
tenue de la mère en cas de convol.

Les héritiers du tuteur sont tenus de continuer l'administration de leur auteur jusqu'à ce qu'il ait été pourvu à son
remplacement.

§ 22. *Compte de tutelle.*

Le tuteur, à l'expiration de la tutelle, doit rendre compte
de sa gestion.

Pour établir l'excédant de recettes dont un tuteur doit intérêt, au bout de six mois, à défaut de placement, il faut faire une balance à l'expiration de chaque période semestrielle; l'excédant des recettes produit intérêts six mois après sa constatation.

Tous traités entre le tuteur et son ex-pupille sont nuls, si le compte n'a pas été apuré depuis dix jours au moins.

Toute action relative aux faits de la tutelle se prescrit par dix ans, à compter de la majorité. Art. 475.

CHAPITRE VIII. — DE L'ÉMANCIPATION.

Il y avait autrefois en France deux sortes d'émancipations : l'émancipation tacite et l'émancipation expresse ;

Tacite dès qu'il y avait présomption de consentement du père; expresse par une déclaration devant le juge du domicile du père.

Les dispositions actuelles, qui régissent cette matière, ont été empruntées aux coutumes et à la législation romaines.

§ 1er. *Deux sortes d'émancipations:*

L'émancipation *légale* qui a lieu par la force de la loi.

Le mineur est émancipé de plein droit par le mariage.

L'émancipation *expresse* qui résulte d'une déclaration.

Le mineur peut être émancipé par son père, à défaut du père par la mère (477); il suffit qu'il ait quinze ans révolus.

S'il est resté sans père ni mère, le conseil de famille peut l'émanciper, mais il faut qu'il ait dix-huit ans révolus; il n'a pas le droit de contraindre à cet acte qui doit être libre et spontané.

§ 2. *Effets de l'émancipation.*

Le mineur émancipé peut quitter la maison paternelle, disposer de sa personne, prendre du service militaire; s'il a vingt ans, il échappe au droit de détention accordé au père contre ses enfants. L'usufruit légal des père et mère prend fin par l'émancipation.

§ 3. *Curateur.*

Le mineur émancipé est pourvu d'un curateur, nommé par le conseil de famille.

Le mari est curateur de sa femme émancipée.

Le tuteur peut être nommé curateur.

Le curateur n'est pas soumis à l'hypothèque légale.

§ 4. *Actes que l'émancipé peut faire seul.*

Le mineur émancipé peut seul passer les baux qui n'excèdent pas neuf ans, recevoir ses revenus et faire tous les actes qui ne sont que de pure administration (481).

Ainsi, il peut traiter pour la réparation et l'amélioration de ses biens, vendre l'excédant des cheptels, les renouveler, vendre les denrées et les coupes de bois ordinaires, la pêche des étangs, le droit de chasse (Toullier et Duranton).

Il ne peut recevoir les fermages par anticipation, ni renouveler le bail de biens ruraux plus de trois ans avant l'expiration du bail courant. Cette dernière question est souvent controversée.

§ 5. *Actes pour lesquels il faut l'assistance du curateur.*

1° La réception du compte de tutelle;

2° La passation des baux qui excèdent neuf années;

3° L'exercice des actions immobilières, ainsi que leur défense (482);

4° L'exercice des actions, même mobilières, qui peuvent avoir pour objet des choses qui sont en dehors de sa libre disposition, ainsi que la défense à ces actions;

5° Une demande ou une défense en séparation de biens et partant de corps;

6° La défense à une action qui mettrait son état en question;

7° La recette, la décharge, ou l'emploi d'un capital mobilier;

8° L'aliénation des rentes de 50 francs de revenu ou au-dessous (L. 24 mars 1806), ou d'une action de la Banque de France, ou de parties n'excédant pas une action (Décret du 25 septembre 1813);

9° Il en est de même des cessions de rentes sur particuliers n'excédant pas 50 francs de revenu;

10° La défense à une action en partage;

11° L'acceptation d'une donation entre vifs.

§ 6. *Actes pour lesquels il faut en outre l'autorisation du conseil de famille.*

1° Les emprunts; 2° le consentement à être caution; 3° l'aliénation des immeubles, même provenant d'économies; 4° la constitution d'une hypothèque; 5° l'acceptation ou la répudiation des successions; l'acceptation ne peut en tous cas être que sous bénéfice d'inventaire ; 6° les transactions sur choses autres que celles dont il a l'administration ; 7° l'exercice d'une action qui intéresse son état ; 8° l'acquiescement ou la transaction sur une action immobilière, ou sur celles en dehors du libre exercice du mineur ; 9° l'introduction d'une action en partage ou la consommation d'un acte de partage ; 10° l'aliénation des inscriptions de rente sur l'Etat au-dessus de 50 francs de revenu.

§ 7. *Actes absolument interdits.*

Les actes absolument interdits sont : les donations entre vifs (904-907).

Sont exceptées les donations par contrat de mariage (1309-1393), ainsi que les petites libéralités que le mineur peut faire sur ses revenus (C. Nap. 1004).

La capacité des mineurs émancipés est la même que celle des mineurs ordinaires pour les dispositions testamentaires (903-904).

§ 8. *Cessation. — Révocation.*

L'émancipation cesse par la majorité ou par la révocation.

La révocation peut être prononcée lorsqu'il y a eu application de l'art. 484, pour la réduction des engagements contractés par l'émancipé.

Mais l'émancipation par mariage est irrévocable.

En cas de révocation, le mineur rentre en tutelle.

Le mineur rentré en tutelle ne peut plus être émancipé, sauf le cas de mariage.

L'émancipation pour faire le commerce n'a lieu que lorsque le mineur a dix-huit ans.

CHAPITRE IX. — DE LA MAJORITÉ.

La majorité est fixée à vingt et un ans accomplis.

§ 1er. *Qui doit être interdit.*

Le majeur qui est dans un état *habituel* d'imbécillité, de démence ou de fureur doit être interdit, même lorsque cet état présente des intervalles lucides.

Les parents, non les alliés, peuvent, ainsi que l'un des époux, provoquer l'interdiction.

Le mineur peut être interdit.

Un gendre ne peut provoquer l'interdiction de son beau-père.

§ 2. *Effets de la demande à fin d'interdiction.*

L'effet du jugement ne court qu'à partir du jour de sa prononciation, encore bien que l'on puisse critiquer les actes antérieurs et en obtenir la résolution.

§ 3. *Effets du jugement.*

L'interdit est assimilé au mineur pour sa personne et pour ses biens.

L'administration de la personne des enfants appartient à la mère, épouse de l'interdit, si elle n'était pas nommée tutrice de ce dernier.

§ 4. *Cessation de l'interdiction.*

L'interdiction cesse avec les causes qui l'ont déterminée. Les mêmes formalités que pour la faire prononcer sont observées.

§ 5. *Conseil judiciaire.*

Il peut être donné un conseil judiciaire aux prodigues.

Cette mesure peut être provoquée par tous ceux qui ont qualité pour demander l'interdiction.

Celui qui est pourvu d'un conseil judiciaire ne peut plaider, transiger, emprunter, recevoir un capital mobilier, grever ses biens d'hypothèques, sans l'assistance du conseil. Mais il conserve la libre administration de ses biens. Il transfère son domicile où bon lui semble ; il peut se marier sans l'assistance de son conseil, et reconnaître un enfant naturel, être témoin instrumentaire.

Les actes antérieurs à la nomination peuvent être annulés ; ceux postérieurs sont nuls, à moins qu'il ne soit établi que, faites dans une juste mesure, les dépenses ont profité au prodigue. Les tribunaux apprécieront les circonstances.

La demande en main-levée du conseil judiciaire doit être portée devant le tribunal du dernier domicile du prodigue.

CHAPITRE X. — DISTINCTION DES BIENS.

Les biens sont meubles ou immeubles.

§ 1er. *Immeubles.*

Les biens sont immeubles ou par leur nature. ou par leur destination, ou par l'objet auquel ils s'appliquent.

Voir l'énumération contenue aux articles 518, jusques et y compris l'art. 526 C. Nap.

§ 2. *Meubles.*

Les biens sont meubles par leur nature ou par la détermination de la loi.

Voir art. 527, jusques et y compris l'art. 536 C. Nap.

§ 3. *De la propriété.*

La propriété est le droit de jouir et de disposer des choses de la manière la plus absolue, pourvu qu'on n'en fasse pas un usage prohibé par la loi et les règlements.

Nul ne peut être contraint de céder sa propriété, si ce n'est pour cause d'utilité, et moyennant une juste et préalable indemnité.

§ 4. *Accession.*

Le propriétaire du sol peut fouiller son fonds où se trouve une source, sans que le voisin puisse se plaindre de ce que cette fouille le prive de la jouissance de la source, s'il n'existe pas de droits cédés déjà par le propriétaire ou par l'auteur commun.

Lorsque des plantations, ou constructions, ou ouvrages ont été faits sur le terrain d'autrui, le propriétaire a le droit de les faire enlever ou de les retenir, en payant les matériaux et la main-d'œuvre, à moins que le tiers ne soit de bonne foi ; alors disparaît le droit de faire enlever. Dans ce cas, il faut l'indemniser de sa dépense ou tenir compte de la plus-value.

§ 5. *Alluvion.*

L'alluvion est l'atterrissement et l'accroissement qui se forment successivement et imperceptiblement aux fonds riverains d'un fleuve ou d'une rivière.

L'alluvion profite au propriétaire riverain ; ainsi que les relais que forme l'eau courante qui se retire insensiblement de l'une de ses rives en se portant sur l'autre. Art. 557.

Le riverain profitant de l'alluvion doit laisser un marche-pied et un chemin de halage ; le tout d'une largeur de vingt-quatre pieds au moins, pour chemins et traits de chevaux, sans qu'on puisse planter arbres, ni tenir clôture ou haie plus près que de trente pieds du côté où les bateaux se tirent, et dix pieds de l'autre bord. Ord. 1669.

Le droit d'alluvion ne s'exerce pas à l'égard des relais de la mer, des lacs et étangs, des parties de terrain occupées par un torrent qui se retire, des biefs, des moulins, des usines.

Si un fleuve ou une rivière navigable, flottable ou non, se

forme un nouveau cours, en abandonnant son ancien lit, les propriétaires des fonds nouvellement occupés prendront à titre d'indemnité l'ancien lit abandonné, chacun dans la proportion du terrain qui lui a été enlevé.

Le riverain peut défendre sa propriété et maintenir par des travaux l'eau dans son lit habituel.

Les îles, îlots et atterrissements qui se forment dans le lit des fleuves et rivières, navigables ou flottables, appartiennent à l'État, s'il n'y a titre et prescription contraires. Art. 560-561.

§ 6. *Mines, carrières, tourbières.*

La loi du 21 avril 1810 contient les règles spéciales à cette matière.

§ 7. *Animaux.*

Les pigeons, lapins, poissons qui passent, sans fraude ou artifice, dans un autre colombier, garenne ou étang appartiennent au propriétaire de ces objets, sans indemnité.

S'il y a eu fraude ou artifice, une indemnité est due, sans préjudice des poursuites criminelles, s'il y a lieu.

§ 8. *Accession mobilière. — Adjonction.*

Alors que deux choses appartenant à différents maîtres ont été réunies de manière à former un tout, le tout appartient au maître de la chose qui constitue la partie principale, à charge de payer à l'autre la valeur de la chose qui lui a été unie.

§ 9. *Spécification.*

La spécification est la fabrication d'un nouvel objet. Elle a lieu, le plus souvent, par l'emploi d'une matière brute dont on fait une espèce nouvelle.

Si un artisan ou une personne quelconque a employé une matière qui ne lui appartenait pas à former une chose d'une nouvelle espèce, le propriétaire a droit de reprendre, en remboursant le prix de la main-d'œuvre. Art. 570. Si cependant la main-d'œuvre était tellement importante qu'elle surpassât de beaucoup la valeur de la matière employée, l'ouvrier aurait le droit de conserver, en remboursant le prix de la matière au propriétaire. Art. 579, 571, 573, 589.

§ 10. *Mélange ou confusion.*

Lorsqu'il y a mélange de plusieurs matières appartenant à divers, celui à l'insu duquel le mélange s'est fait peut demander la séparation. Art. 573. Si la séparation ne peut se faire, la propriété est commune, il y a licitation au profit commun et partage dans la proportion des droits de propriété. Si la matière appartenant à l'un était de beaucoup supérieure à l'autre par la quantité et le prix, le plus fort propriétaire pourrait conserver, en remboursant le prix de la matière inférieure. Art. 574 et 577.

CHAPITRE XI. — DE L'USUFRUIT.

L'usufruit est le droit de jouir des choses dont un autre a la propriété, comme le propriétaire lui-même, mais à la charge d'en conserver la substance.

Il peut être établi sur toute espèce de biens meubles ou immeubles. Art. 578, 581.

§ 1er. *Des différentes espèces d'usufruit.*

L'usufruit est légal ou conventionnel.

Légal, au profit des père et mère sur les biens de leurs enfants jusqu'à l'âge de dix-huit ans accomplis ou jusqu'à l'émancipation; du survivant des père et mère, sur le tiers des biens auxquels il ne succède pas dans l'hérédité de son enfant mort sans postérité, ni frères, ni sœurs, ni descendants d'eux (art. 754); de la communauté sur les biens de deux époux mariés en communauté (art. 1400); ou au profit du mari seulement sur les biens de la femme, s'il y a régime dotal ou régime exclusif de communauté (art. 1549, 1539, 1533, 1564), des titulaires des bénéfices ecclésiastiques sur les biens qui composent ces bénéfices. L. du 6 nov. 1813.

Conventionnel, lorsqu'il est établi par la volonté de l'homme.

§ 2. *Droits de l'usufruitier sur les diverses espèces de fruits.*

Les fruits sont les émoluments qui naissent et renaissent de la chose, que l'on perçoit à son occasion, successivement ou périodiquement. — Proudhon.

Il y a : 1° Les fruits usuels qui sont le produit spontané de la terre, le produit et le croît des animaux;

2° Les fruits industriels que l'on n'obtient que par la culture de la terre : moisson, vendange, etc.;

3° Les fruits civils, que l'on perçoit à l'occasion de la chose : loyers, intérêts d'argent, fermages de rentes. Art. 581.

Les fruits naturels et industriels, pendant, par branches et par racines, au moment où l'usufruit est ouvert, appartiennent à l'usufruitier ; ceux qui se trouvent dans le même état au moment où finit l'usufruit, appartiennent au propriétaire.

Une vente de fruits, sur pied, faite par un usufruitier, resterait non avenue pour tous ceux de ces fruits qui ne seraient pas détachés du sol à la fin de l'usufruit.

L'usufruitier ne devient propriétaire des fruits que par leur séparation du fonds qui les produit.

Il n'est dû, de part ni d'autre, aucune récompense de labours et de semences pour les fruits qui sont inhérents au sol, soit au commencement, soit à la fin de l'usufruit.

Mais les fruits civils sont dus jour par jour, et restent acquis à l'usufruitier, proportionnellement à la durée de son droit et suivant le prorata du temps durant lequel il a vécu.

L'usufruitier a le droit de profiter du produit des ruches à miel ; il a droit de pêche et de chasse ; il jouit des garennes et des étangs empoissonnés, à la charge d'empoissonner les étangs, conformément à l'usage des lieux. — Proudhon.

§ 3. *Droits de l'usufruitier sur les choses fongibles.*

Toutes choses qui se consomment sont choses fongibles, telles que grains, liqueurs, etc.

L'usufruit de ces sortes de choses donne à l'usufruitier le droit de les consommer, à la charge d'en payer l'estimation à la fin de l'usufruit ou d'en rendre une quantité égale de même bonté (art 857 et 615).

§ 3. *Usufruit sur arbres, bois et pépinières.*

L'usufruitier a le droit de couper les taillis parvenus à l'âge requis, et il ne peut toucher aux futaies, à moins qu'il ne trouve un aménagement établi par le propriétaire. Il doit : 1o faire garder les bois exposés au maraudage ; 2o laisser le nombre de baliveaux requis et même un plus grand nombre si l'aménagement des propriétaires en comportait un plus grand nombre ; 3o couper et faire faire la coupe en temps de saison morte et non dans le temps de la sève ; 4o couper les futaies le plus bas possible et le taillis à fleur de terre.

L'usage des lieux doit être consulté, s'il n'y a pas d'aménagement établi.

On ne peut toucher aux arbres plantés pour l'ornement ou pour l'ombre.

L'usufruitier peut prendre les échalas nécessaires aux vignes ; il doit remplacer les arbres fruitiers déracinés ou morts ; ceux-ci lui appartiennent.

§ 5. *Dévolution.*

Il est permis à l'usufruitier, non-seulement de jouir par lui-même, mais encore de donner à ferme à un autre les fonds soumis à sa jouissance, en se conformant aux règles établies pour le mari jouissant des biens de sa femme (Art. 595). Il peut céder à titre gratuit ou onéreux son droit d'usufruit et grever d'hypothèque l'usufruit qui repose sur un immeuble.

§ 6. *Obligations de l'usufruitier.*

L'usufruitier ne peut entrer en jouissance qu'après avoir fait dresser un inventaire, en présence du propriétaire ou lui dûment appelé ; cet inventaire et l'état des immeubles sont aux frais de l'usufruitier.

Il doit donner caution lorsqu'il n'en est pas dispensé par le titre constitutif de l'usufruit.

Il doit enfin assurer le sort des créances par tous actes conservatoires, interruption, de prescriptions, titre nouvel, renouvellement d'inscriptions, etc.

L'usufruitier est tenu de toutes les réparations d'entretien ; les grosses réparations sont laissées à la charge du propriétaire, à moins qu'elles n'aient été occasionnées par le défaut des réparations d'entretien, cas auquel l'usufruitier en est tenu, comme étant imputables à sa négligence.

On a jugé que le remplacement de la meule, des soles et auges d'un moulin constitue une réparation d'entretien.

Ni le propriétaire ni l'usufruitier ne sont tenus de rebâtir ce qui est tombé de vétusté ou ce qui a été détruit par cas fortuit.

L'usufruitier est tenu, pendant sa jouissance, de toutes les charges annuelles de l'héritage, telles que les contributions, et autres, qui, dans l'usage, sont censées charges de fruits.

A l'égard des charges qui peuvent être imposées sur la propriété, le propriétaire les paye et l'usufruitier lui tient compte des intérêts. Art. 609.

L'usufruit peut cesser par l'abus que l'usufruitier fait de la jouissance, soit en commettant des dégradations, soit en laissant dépérir le fonds faute d'entretien. Art. 618.

§ 7. *Usage et habitation.*

L'usager et celui qui a un droit d'habitation doivent en jouir en bons pères de famille.

L'usager des fruits d'un fonds peut en exiger autant qu'il

lui en faut pour lui et sa famille. Il ne peut ni céder ni louer son droit. Il en est de même pour le droit d'habitation.

Si l'usager absorbe tous les fruits ou occupe toute la maison, il supporte tous les frais, comme l'usufruitier; autrement, il contribue au prorata. Art. 635.

CHAPITRE XII. — DES SERVITUDES.

Une servitude est une charge imposée sur un héritage pour l'usage et l'utilité d'un héritage appartenant à un autre propriétaire.

Les fonds inférieurs sont assujettis à recevoir les eaux qui découlent naturellement, sans que la main de l'homme y ait contribué.

§ 1er. *Eau courante.*

Celui dont la propriété borde une eau courante autre que celle qui est déclarée dépendante du domaine public peut s'en servir à son passage pour l'irrigation de ses propriétés.

§ 2. *Bornage.*

Tout propriétaire peut obliger son voisin au bornage de leurs propriétés contiguës. Le bornage se fait à frais communs.

Tout propriétaire peut clore son héritage, à moins qu'il n'en résulte une enclave pour d'autres propriétés. Art. 647, 682.

Le propriétaire qui veut se clore perd son droit au parcours et vaine pâture, en proportion du terrain qu'il y soustrait. On appelle vaine pâture la faculté dont jouissent les habitants d'une commune de faire paître leurs troupeaux ou bestiaux sur les héritages dépouillés de leurs fruits naturels ou artificiels.

§ 3. *Suppression et déplacement des bornes.*

Quiconque aura déplacé ou supprimé des bornes, ou pieds corniers, ou autres arbres plantés ou reconnus pour établir des limites entre différents héritages, sera puni d'un emprisonnement qui ne pourra être au-dessous d'un mois, ni excéder une année, et d'une amende égale au quart des restitutions et des dommages-intérêts, qui, dans aucun cas, ne pourra être au-dessous de 50 fr.

§ 4. *Mitoyenneté.*

La mitoyenneté est une copropriété régie par des règles spéciales.

Les copropriétaires sont obligés à la réparation en commun. Art. 655.

Il y a présomption de mitoyenneté lorsque la raison fait supposer que le mur a été construit à frais communs.

La loi déclare mitoyen, jusqu'à preuve contraire, dans les villes et campagnes, tout mur servant de séparation, jusqu'à l'héberge.

Il y a marque de non-mitoyenneté lorsque la sommité du mur est droite et à plomb de son parement d'un côté, et présente de l'autre un plan incliné, ou lorsqu'il n'y a que d'un côté ou un chaperon ou des filets et corbeaux de pierre qui y auraient été mis en bâtissant le mur. Art. 654.

Le chaperon est le sommet du mur.

On appelle filets, soit la moulure qui saillit au bout du chaperon, soit des morceaux de bois enfoncés dans le mur et dont les bouts paraissent au dehors.

On entend par corbeaux des morceaux de pierre placés dans le mur et dont la saillie excède sa surface perpendiculaire.

Les harpes ou pierres d'attente ne font naître aucune présomption pour ou contre.

On ne peut appliquer des espaliers ou des vignes sur un mur non mitoyen appartenant à un voisin. Celui-ci le peut assurément.

§ 5. *Mur mitoyen.*

Chacun peut contraindre son voisin, dans les villes et faubourgs, à contribuer aux constructions et réparations de la clôture. Hors des villes et faubourgs, le propriétaire qui veut se clore doit le faire sur son propre terrain, si le voisin ne veut pas d'un mur mitoyen.

L'épaisseur d'un mur mitoyen doit être, en général, d'un demi-mètre.

Tout propriétaire joignant un mur a la faculté de le rendre mitoyen en tout ou en partie en remboursant la valeur présente de ce qu'il acquiert en mitoyenneté. Ce cas ne s'applique pas aux églises.

Tout propriétaire peut faire exhausser le mur mitoyen, en supportant les frais additionnels d'exhaussement, pourvu que ce ne soit pas uniquement dans l'intention de nuire au voisin.

Tout propriétaire peut se dispenser de contribuer aux réparations et reconstruction d'un mur mitoyen, pourvu qu'il ne soutienne pas un bâtiment qui lui appartient, en abandonnant la mitoyenneté, pourvu aussi que les travaux n'aient pas été occasionnés par son fait.

Tout propriétaire joignant un mur a la faculté de le rendre mitoyen, en remboursant la moitié de sa valeur.

§ 6. *Haies et fossés.*

La haie sèche est celle qui est faite avec du bois mort; la haie vive, celle faite avec des arbrisseaux vivaces. La haie sèche peut se planter sans observation de distances.

Les arbres de la haie sont mitoyens. L'arbre abattu est partagé par moitié. Les fruits sont attribués au propriétaire du côté duquel ils se trouvent.

§ 7. *Fossés.*

Tous fossés entre deux héritages sont présumés mitoyens, à moins de titre contraire. Ils sont entretenus à frais communs. Le jet des terres qui provient du curage leur appartient par moitié.

Le voisin d'un fossé ne peut contraindre le propriétaire à lui en céder la moitié.

§ 8. *Vues.*

On ne peut avoir des vues droites ou fenêtres d'aspect, ni balcons ou autres semblables saillies sur l'héritage clos ou non clos de son voisin, s'il n'y a 19 décimètres (6 pieds) de distance entre le mur où on les pratique et ledit héritage.

Les piles de bois à brûler élevées temporairement ne doivent pas être considérées comme procurant des vues droites, non plus que les jours qui existent entre les barreaux d'une claire-voie construite sur un mur de clôture élevé à hauteur d'appui et surmonté de piliers placés de distance en distance. On ne peut avoir des vues par côté ou obliques sur l'héritage de son voisin, s'il n'y a 6 décimètres (2 pieds) de distance.

§ 9. *Jours.*

L'un des voisins ne peut, sans le consentement de l'autre, pratiquer dans le mur mitoyen aucune fenêtre ou ouverture, même à verre dormant. Art. 675 et suivants.

§ 10. *Plantation des arbres.*

Il n'est permis de planter des arbres de haute tige qu'à la distance prescrite par les règlements particuliers actuellement existants, ou par les usages constants et reconnus; et à défaut de règlements et usages, qu'à la distance de 2 mètres de la ligne séparative des deux héritages, pour les arbres à haute tige, et à la distance d'un demi-mètre, pour les autres arbres et haies vives.

Celui sur la propriété duquel avancent les branches des arbres du voisin peut contraindre celui-ci à couper ces branches.

Si ce sont les racines qui avancent sur son héritage, il a le droit de les couper lui-même.

§ 11. *Constructions spéciales.*

Celui qui fait creuser un puits ou une fosse d'aisance, près d'un mur mitoyen ou non ; celui qui veut y construire cheminée, ou âtre, forge, four ou fourneau ; y adosser une étable, ou établir contre ce mur un magasin de sel ou amas de matières corrosives, est obligé à laisser la distance prescrite par les règlements et usages particuliers, et à faire les ouvrages qu'indiquent les règlements.

CHAPITRE XIII.—DE LA PROPRIÉTÉ. DISPOSITIONS GÉNÉRALES.

Les biens qui n'ont pas de maître appartiennent à l'Etat.

Il est des choses qui n'appartiennent à personne et dont l'usage est commun à tous.

§ 1er. *Trésor proprement dit.*

La propriété d'un trésor appartient à celui qui le trouve dans son propre fonds ; si le trésor est trouvé dans le fonds d'autrui, il appartient pour moitié à celui qui l'a découvert, et pour l'autre moitié au propriétaire du fonds.

Le trésor est toute chose cachée ou enfouie sur laquelle personne ne peut justifier sa propriété et qui est découverte par le pur effet du hasard.

§ 2. *Trésor des épaves.*

Les droits sur les effets jetés à la mer, sur les objets que la mer rejette, sur les plantes et herbages qui croissent sur les rivages de la mer, sont réglés par des lois particulières.

Quant aux choses perdues, il est bon que la matière soit nettement expliquée.

Celui qui a trouvé un objet n'en acquiert la propriété que s'il a fait la déclaration et le dépôt de l'épave au greffe du tribunal civil ou de la mairie, et à Paris, à la préfecture de police ; si, après trois ans, le propriétaire ne s'est point fait connaître, l'objet ou le prix, s'il a été vendu, appartient à la personne qui l'avait trouvé. Circulaire ministérielle du 3 août 1825. Art. 2279 C. Nap.

CHAPITRE XIV. — DES SUCCESSIONS

La succession est déférée aux parents légitimes du défunt, s'il n'a pas disposé de ses biens ; ces parents sont les enfants et descendants, les ascendants et les parents collatéraux.

Les enfants adoptifs ont les mêmes droits que les enfants légitimes, mais ces droits sont restreints à la succession de l'adoptant.

La loi s'arrête au douzième degré de parenté ; à ce degré d'éloignement l'affection est présumée nulle.

À défaut de parents légitimes les biens passent, avec certaines limitations, aux enfants naturels, puis à l'époux survivant, et, s'il n'y en a pas, à l'État.

Toute succession échue à des ascendants ou à des collatéraux se divise en deux parts égales, l'une pour la ligne paternelle, l'autre pour la ligne maternelle. La moitié dévolue à chaque ligne appartient à l'héritier ou aux héritiers les plus proches en degrés.

La proximité de parenté s'établit par le nombre de générations ; chaque génération s'appelle un degré. La suite des degrés forme la ligne.

La ligne directe est la suite des degrés entre personnes qui descendent l'une de l'autre ; la ligne collatérale est la suite des degrés entre personnes qui ne descendent pas les unes des autres, mais d'un auteur commun.

La ligne directe *descendante* est celle qui lie le chef avec ceux qui descendent de lui ; la ligne *ascendante* celle qui lie ces personnes avec ceux dont elles descendent.

En ligne directe on compte autant de degrés qu'il y a de générations entre les personnes.

En ligne collatérale les degrés se comptent par les générations, depuis l'un des parents jusques et non compris l'auteur commun, et depuis celui-ci jusqu'à l'autre parent ; l'oncle et le neveu sont parents au troisième degré.

§ 1er. *Représentation.*

La représentation est une fiction par laquelle on fait entrer les représentants dans le degré et les droits du représenté.

La représentation a lieu à l'infini dans la ligne descendante.

La représentation a lieu en faveur des descendants de l'adopté, quant à la succession de l'adoptant.

La représentation n'a pas lieu en faveur des ascendants ; le plus proche dans chacune des lignes a un droit exclusif.

En ligne collatérale la représentation est admise en faveur des ascendants ou descendants des frères ou sœurs du défunt, sans distinction entre les germains, les utérins ou les consanguins, les utérins et consanguins ne prenant d'ailleurs part que dans leur ligne.

Dans tous les cas où la représentation est admise, le partage s'opère par souche, avec autant de subdivisions qu'il y a de branches.

On peut représenter celui à la succession duquel on a renoncé, mais on ne représente point l'héritier qui a renoncé.

§ 2. *Succession aux descendants.*

Les enfants ou descendants succèdent par égales parties et par tête, quand ils sont au premier degré ou appelés de leur chef, et par souche quand ils viennent par représentation.

§ 3. *Succession déférée aux ascendants.*

Si le défunt n'a laissé ni postérité, ni frères, ni sœurs, ni descendants d'eux, la succession se divise par moitié entre les ascendants de la ligne paternelle et les ascendants de la ligne maternelle ; l'ascendant au degré le plus proche recueille la moitié attribuée à sa ligne.

Les ascendants au même degré succèdent par tête, dans la ligne à laquelle ils appartiennent.

Les ascendants succèdent à l'exclusion de tous autres aux choses par eux données à leurs enfants ou descendants décédés sans postérité : s'il y a eu aliénation, ils ont droit au prix de ces choses.

Lorsque la personne décédée sans postérité laisse des père et mère, et des frères, sœurs ou représentants de ces derniers, il y a partage, moitié pour les père et mère, et moitié pour les autres. Art. 748.

Si le père ou la mère seulement survivent, le survivant a droit au quart de la succession. Art. 749.

§ 4. *Successions collatérales.*

En cas de prédécès des père et mère d'une personne morte sans postérité, ses frères, sœurs, ou leurs descendants, recueillent sa succession, à l'exclusion des ascendants et des autres collatéraux.

A défaut de frères ou sœurs, ou de descendants d'eux, et à défaut d'ascendants dans l'une ou l'autre ligne, la succession est déférée pour moitié aux ascendants survivants, et pour l'autre moitié aux parents les plus proches de l'autre ligne.

Dans ce cas, si c'est le père ou la mère qui survit, le survivant a l'usufruit du tiers des biens auxquels il ne succède pas en propriété.

§ 5. *Acceptation de succession.*

Une succession peut être acceptée purement et simplement, ou sous bénéfice d'inventaire.

L'acceptation peut être expresse ou tacite.

Elle est expresse lorsqu'elle résulte d'un acte quelconque dans lequel on agit en prenant cette qualité.

Elle est tacite quand l'héritier fait un acte qui suppose nécessairement son intention, et qu'autrement il n'aurait pas le droit de faire. Art. 778.

L'héritier acceptant pur et simple est soumis au payement de toutes les dettes et charges du défunt dont il continue la personne, comme s'il les avait contractées lui-même, qu'elles dépassent ou non la valeur des biens héréditaires.

L'effet de l'acceptation remonte au jour de l'ouverture de la succession.

L'acceptation est de sa nature irrévocable; cependant il y a une exception pour le cas où l'acceptation aurait été déterminée par des voies frauduleuses.

§ 6. *Renonciation.*

La renonciation est pure et simple; elle ne peut être conditionnelle; elle est indivisible.

L'héritier qui a détourné ou recelé des effets de la succession est déchu de la faculté d'y renoncer; il est héritier pur et simple. Art. 792.

Lorsqu'une levée générale des scellés a été opérée avant les trois jours de l'inhumation, au mépris d'une ordonnance qui n'autorisait qu'une levée partielle, il y a hérédité pure et simple.

§ 7. *Quand peut-on renoncer ?*

Il faut que la succession soit ouverte. On ne peut renoncer à la succession d'une personne vivante, ni aliéner les droits éventuels qu'on peut avoir à cette succession.

Le successible a un délai de trois mois pour faire inventaire et de quarante jours (après les trois mois) pour délibérer.

§ 8. *Effets de la renonciation.*

L'héritier qui renonce est censé n'avoir jamais été héritier.

La renonciation ouvre un droit au profit des cohéritiers du renonçant, ou à défaut du cohéritier, au profit des successibles d'un degré inférieur.

L'accroissement n'a lieu qu'en faveur des cohéritiers de la même souche.

L'accroissement n'a pas lieu entre un héritier naturel et un légataire.

§ 9. *Effets de la transmission par succession.*

Mors omnia solvit. En perdant la vie, le défunt perd tous ses biens. Les héritiers légitimes sont saisis de plein droit des biens, droits et actions du défunt, sous l'obligation d'acquitter toutes les charges de la succession (Art. 724). Le mort saisit le vif; son hoir plus proche est habile à lui succéder.

CHAPITRE XV. — INVENTAIRE.

Les parties majeures, maîtresses de leurs droits, héritières pures et simples, peuvent faire entre elles un inventaire sous seing privé.

Autrement, il faut qu'il y soit procédé par officiers publics.

A défaut d'inventaire, les parties intéressées peuvent être autorisées à faire preuve tant par titres que par témoins, et même par commune renommée, de la valeur et de la consistance du mobilier. C. Nap., art. 1415-1442.

§ 1er. *Bénéfice d'inventaire.*

La loi accorde à un héritier la faculté de n'accepter une succession que sous la condition qu'il ne sera pas tenu de payer plus qu'il reçoit.

Pour cela il faut : 1° une déclaration au greffe du tribunal civil du lieu où la succession s'est ouverte; 2° un inventaire fidèle et exact, avant ou après.

Si dans les délais pour prendre qualité, il y a à provoquer des mesures d'urgence, il est statué sur requête au président du tribunal civil.

L'héritier bénéficiaire est chargé d'administrer les biens de la succession; il n'est pas tenu de faire emploi des capitaux ; il ne doit donc pas d'intérêts; il n'est tenu que des fautes graves.

La vente des meubles doit être faite par officiers publics.

Les biens de l'héritier sous bénéfice d'inventaire ne se confondent pas avec ceux de la succession. Il a le droit de réclamer ce qui lui est dû.

S'il y a omission ou recel d'objets, de sa part, il est réputé héritier pur et simple.

Il doit compte de son administration aux créanciers et légataires.

Les frais sont à la charge de la succession.

S'il y a des créanciers opposants, la répartition se fait par contribution judiciaire, à moins que toutes les parties soient majeures et d'accord sur la distribution.

Lorsqu'il n'y a pas de créanciers opposants, les créanciers et légataires sont payés au fur et à mesure qu'ils se présentent.

Il faut entendre par créanciers opposants tous ceux qui se sont fait connaître officiellement.

Ceux qui viennent après épuisement des fonds n'ont aucun recours, si ce n'est contre les légataires et dans le délai de trois ans du jour de l'apurement des comptes et du payement du reliquat. Art. 809

CHAPITRE XVI. — PARTAGE ET RAPPORTS.

§ 1er. *Partage.*

L'indivision met des entraves à l'exercice du droit de propriété, c'est souvent une source de querelles. En principe nul n'est tenu de demeurer dans l'indivision ; on peut convenir de rester en cet état, mais la convention ne doit stipuler qu'un délai de cinq ans.

Chacun des héritiers peut demander sa part en nature des meubles et immeubles de la succession, s'il n'y a pas de créanciers saisissants ou opposants, si la majorité des héritiers ne juge pas la vente nécessaire. Il faut que les immeubles puissent se partager commodément. Si les héritiers sont tous majeurs, ils peuvent effectuer le partage en telle façon qu'il leur convient.

L'inscription hypothécaire sur des biens indivis est restreinte à la portion échue au débiteur.

§ 2. *Rapport.*

Le rapport rétablit l'égalisation entre tous ceux qui sont appelés à une succession : il est donc considéré comme très équitable.

L'enfant naturel ne doit pas le rapport : il ne peut y avoir contre lui qu'une action en réduction de la donation, jusqu'à concurrence de la portion disponible.

§ 3. *Payement des dettes.*

Les cohéritiers contribuent entre eux au payement des dettes et charges, chacun dans la proportion de ce qu'il prend.

Le légataire particulier n'y est pas tenu.

En cas d'insolvabilité d'un des cohéritiers, sa part dans une dette hypothécaire est répartie sur tous les autres.

Les créanciers d'un copartageant ont le droit d'intervenir au partage, à leurs frais.

Les cohéritiers demeurent respectivement garants les uns envers les autres, pour des causes antérieures au partage.

Il y a lieu à rescision, lorsqu'il y a lésion de plus d'un quart.

CHAPITRE XVII. — DONATIONS ENTRE VIFS.

La donation est une libéralité faite volontairement. Nul n'est donc donateur qui ne veut. *Donatio est liberalitas, nullo cogente, in accipientem collata.*

Nul n'est donataire qui ne veut. *Invito beneficium non datur.*

On ne peut disposer de ses biens que par donation entre vifs ou par testament ;

L'acceptation doit être expresse par acte authentique, c'est-à-dire passé devant notaire. Elle devra être faite du vivant du donateur.

§ 1er. *Révocation des donations.*

L'acte de donation n'est qu'une offre : tant qu'elle n'est pas acceptée, elle peut être révoquée.

L'aliénation des biens donnés est considérée comme une révocation.

La révocation peut avoir lieu :

1° Pour cause d'inexécution des conditions sous lesquelles la donation a été faite ; 2° pour cause d'ingratitude ; 3° pour cause de survenance d'enfants.

Les donations faites entre époux, *pendant le mariage* sont également révocables, même par la femme, sans autorisation du mari ou de justice.

Toute donation déguisée ou faite à des personnes interposées est nulle.

Sont réputées faites à des personnes interposées les donations de l'un des époux aux enfants ou à l'un des enfants de l'autre époux issus d'un autre mariage, et celles faites par le donateur aux parents dont l'autre époux sera héritier présomptif au jour de la donation, encore que ce dernier n'ait point survécu à son parent donataire.

§ 2. *Réduction des donations.*

Toutes les dispositions soit entre vifs, soit à cause de mort, qui excèdent la quotité disponible, sont réductibles.

Il est permis au donateur de faire la réserve du retour des objets donnés, mais à son profit seulement.

§ 3. *Portion disponible.*

Les libéralités ne peuvent excéder la moitié des biens du disposant, s'il ne laisse à son décès qu'un enfant légitime ; le tiers, s'il laisse deux enfants ; le quart, s'il en laisse trois ou un plus grand nombre.

Moitié, si, à défaut d'enfant, le défunt laisse un ou plusieurs ascendants dans chacune des lignes paternelle ou maternelle ; les trois quarts, s'il ne laisse d'ascendants que dans une ligne.

CHAPITRE XVIII. — DES TESTAMENTS.

Suivant Eusèbe et Cedrénus, Noé fit, par l'ordre de Dieu, un testament par lequel il procéda au partage de la terre entre ses trois enfants. Desquiron rapporte le texte de ces actes. On lit dans la Genèse (c. xv, vers. 2 et 3) qu'Abraham, désespérant d'avoir des enfants, avait résolu de choisir pour héritier le fils d'Éliézer ; dans le chapitre xxv du même livre, on trouve une institution d'héritier par Abraham en faveur d'Isaac et des legs au profit de ses autres enfants.

Chez les Hébreux, les pères ne pouvaient disposer à titre perpétuel qu'en faveur de leurs enfants.

Chez les Lacédémoniens, une loi expresse avait permis à chacun de disposer de son bien pendant sa vie et de le laisser par testament après sa mort.

A Athènes, la faculté de tester avait été donnée par Solon aux Athéniens qui n'avaient pas d'enfants légitimes ; après avoir scellé le testament de son anneau, le testateur le déposait entre les mains d'un ou de plusieurs amis.

Diogène Laerce nous a conservé les testaments d'Aristote, de Platon et d'Épicure (Pastoret).

Aujourd'hui toute personne peut disposer par testament, soit sous le titre d'institution d'héritier, soit sous le titre de

legs, soit sous toute autre forme de manifestation de sa volonté.

Un testament ne peut être fait, dans un même acte, par
deux ou plusieurs personnes.

On distingue les testaments en ordinaires et en privilégiés.

§ 1er. *Testaments ordinaires.*

Ce sont le testament olographe, le testament par acte
public et le testament mystique.

§ 2. *Testament olographe.*

C'est celui qui est entièrement écrit de la main du testateur.

Il doit être écrit, daté et signé par lui.

Il faut, en outre, que l'acte contienne une disposition et
non un simple projet, et que l'exécution ne doive avoir lieu
qu'après le décès du disposant.

Il n'est d'ailleurs assujetti à aucune forme et peut être écrit
sur papier non timbré, même sur quoi que ce soit, pourvu
qu'il réunisse les conditions que nous venons d'indiquer, sur
une carte, sur un livre.

Quant aux irrégularités offrant doute ou matière à incer-
titude, les tribunaux apprécient et souvent maintiennent le
testament, quand il y a possibilité de dissiper les doutes et que
la volonté ressort clairement des circonstances accessoires.

§ 3. *Testament authentique ou par acte public.*

C'est celui qui est reçu par deux notaires, en présence de
deux témoins, ou par un notaire, en présence de quatre témoins.

Le testament est dicté par le testateur; il est fait mention
de cette formalité.

Il doit être lu au testateur, qui le signe.

Les témoins doivent être mâles, majeurs, jouissant des
droits civils ;

N'être point frappés d'infirmités physiques, tels que les
sourds-muets, les aveugles, à moins que par leur éducation
ils puissent librement et par eux-mêmes manifester leur
volonté.

Ne pas être légataires, ou bien parents ou alliés des légataires jusqu'au quatrième degré ;

N'être pas clercs des notaires qui reçoivent les testaments.

§ 4. *Testament mystique.*

C'est celui que le testateur écrit ou fait écrire par un autre qu'il présente ensuite clos et cacheté à un notaire en présence de six témoins au moins, pour être conservé en dépôt.

L'acte de suscription doit être écrit sur le papier qui contient le testament, ou sur celui qui lui sert d'enveloppe, à peine de nullité.

§ 5. *Testaments privilégiés.*

Ce sont les testaments militaires, ceux faits en temps de peste ou de maladie contagieuse, ceux faits sur mer et ceux qui ont été faits en pays étrangers.

§ 6. *Testament militaire.*

Deux sous-intendants militaires ont le droit de recevoir un testament, sans être assistés de témoins ; mais un seul sous-intendant doit être assisté de deux témoins ; deux chefs d'escadron ou de bataillon ont qualité, mais avec l'assistance de deux témoins.

Il n'est pas nécessaire que l'officier supérieur appartienne au corps du militaire qui veut tester.

Les testaments peuvent encore être reçus par l'officier de santé en chef, assisté du commandant militaire chargé de la police de l'hospice ou de l'ambulance.

Pour pouvoir tester militairement, il faut être sur la terre étrangère ou dans une place assiégée.

Le testament fait dans la forme militaire est nul six mois après que le testateur est revenu dans un lieu où il a la liberté d'employer les formes ordinaires.

L'officier supérieur qui a reçu le testament doit en transmettre la minute au ministre de la guerre, qui est chargé de sa conservation et d'en délivrer expédition. Il n'est point douteux que ces dispositions profitent aux militaires comme à tous autres citoyens se trouvant dans les cas prévus.

§ 7. *Testament fait pendant une maladie contagieuse.*

Les testaments faits dans un lieu avec lequel toute communication est interceptée à cause de la peste ou autre maladie contagieuse, peuvent être faits devant le juge de paix ou devant l'un des officiers municipaux de la commune, en présence de deux témoins (art. 935) ; mais les communications doivent avoir été interceptées officiellement.

Ces testaments deviennent nuls six mois après que les communications sont rétablies.

§ 8. *Testamént fait sur mer.*

Les testaments faits sur mer, dans le cours d'un voyage, peuvent être reçus, savoir : à bord des vaisseaux et autres bâtiments de l'État, par l'officier commandant le bâtiment, ou à son défaut, par celui qui le supplée dans l'ordre de service, l'un ou l'autre conjointement avec l'officier d'administration ou avec celui qui en remplit les fonctions, et à bord des bâtiments de commerce, par l'écrivain du navire, ou celui qui en fait les fonctious, l'un ou l'autre conjointement avec le capitaine, le maître ou le patron, ou à leur défaut, par ceux qui les remplacent, le tout en présence de deux témoins. Art. 988.

Ces testaments ne sont plus valables trois mois après que le testateur est parvenu à un lieu où il pouvait refaire son testament.

§ 9. *Testament fait en pays étrangér.*

Un Français qui se trouve en pays étranger peut faire ses dispositions testamentaires par acte sous seing privé ou par acte authentique, avec les formes usitées dans le pays où cet acte est passé.

§ 10. *Clauses et conditions.*

La disposition testamentaire par laquelle l'héritier ou le légataire se serait chargé de conserver et de rendre à un tiers est nulle.

Toutes dispositions impossibles ou contraires aux mœurs sont réputées nulles.

Le testament peut contenir la reconnaissance d'un enfant naturel.

§ 11. *Révocation des testaments.*

Les testaments ne peuvent être révoqués en tout ou en partie que par un testament postérieur, ou par un acte devant notaire, portant déclaration de changement de volonté.

Les testaments postérieurs qui ne révoquent pas d'une manière expresse les précédents, n'annuleront dans ceux-ci que celles des dispositions qui seraient incompatibles avec les nouvelles, ou seraient contraires.

L'aliénation de la chose léguée équivaut à révocation.

Le legs est caduc si la chose léguée a totalement péri.

On peut demander la révocation des dispositions testamentaires :

1° Pour cause d'inexécution des conditions ;

2° Si le légataire a attenté à la vie du testateur ;

3° Si le légataire s'est rendu coupable envers le testateur de sévices, délits ou injures graves.

La demande doit être intentée dans l'année du jour du délit.

Celui qui supprime un testament est privé du bénéfice de l'hérédité.

CHAPITRE XIX. — DES PARTAGES FAITS PAR PÈRE, MÈRE OU AUTRES ASCENDANTS.

Les pères, mères et autres ascendants peuvent faire entre leurs enfants et descendants la distribution de leurs biens.

Ces partages sont faits par actes entre vifs, ou par testaments, en observant les règles prescrites pour les donations et les testaments.

Ils peuvent être attaqués pour cause de lésion de plus du quart, et s'il avait été disposé de plus que de la quotité disponible ; l'héritier qui attaque le partage fait l'avance des frais d'estimation et supporte les dépens, s'il succombe.

CHAPITRE XX. — DONATION PAR CONTRAT DE MARIAGE.

Ces donations doivent être transcrites au bureau des hypothèques et contenir l'état estimatif des objets mobiliers. Elles sont dispensées d'acceptation.

Elles sont, à la mort du donateur, réductibles à la portion dont la loi permet la disposition.

Elles ne sont pas révocables pour cause d'ingratitude.

Le donateur peut stipuler le droit de retrait des objets donnés. Art. 951 et suiv.

§ 1er. *Donation de biens à venir.*

On trouve des traces de cette institution dans la loi salique, titre 48. Son caractère est défini par le chap. 6 du 2ᵉ capitulaire de 809, et par le chap. 10 du 3ᵉ capitulaire de 819.

Aujourd'hui, les pères et mères, les ascendants, les parents collatéraux des époux, et même les étrangers, peuvent, par contrat de mariage, disposer de tout ou partie des biens qu'ils laisseront au jour de leur décès, tant au profit desdits époux qu'au profit des enfants à naître de leur mariage, dans le cas où le donateur survivrait à l'époux donataire.

CHAPITRE XXI. — DES CONTRATS OU OBLIGATIONS.

Les contrats sont synallagmatiques ou bilatéraux et unilatéraux.

Le contrat est synallagmatique lorsque les contractants s'obligent réciproquement les uns envers les autres.

Il est unilatéral lorsqu'une ou plusieurs personnes sont obligées envers une ou plusieurs autres, sans que de la part de ces dernières il y ait d'engagement.

Le contrat synallagmatique doit être fait en autant d'originaux qu'il y a de parties intéressées.

Le contrat commutatif est celui par lequel chacune des parties s'engage à donner ou à faire une chose qui est considérée comme l'équivalent de ce que l'on fait pour elle.

Le contrat aléatoire (en latin *alea*) est une convention réciproque dans les effets, quant aux avantages et aux pertes, dépendant d'événements incertains.

§ 1er. *Contrat de mariage.*

C'est l'acte qui sert à constater les conventions des futurs époux quant à leurs biens (Duranton).

Quand les époux ne font pas de conventions particulières et qu'ils entendent se soumettre au régime commun en France, il n'est pas besoin d'acte.

§ 2. *Régimes du contrat de mariage.*

Il y a quatre régimes principaux :

1º Le régime de la communauté légale pure et simple ou modifié par des conventions (Art. 1399 — 1496 — 1528); 2º celui d'exclusion de la communauté sans séparation de biens (Art. 1529-1535) : 3º la séparation de biens (Art. 1536 — 1539) ; 4º le régime dotal (Art. 1540, 1585).

§ 3. *Communauté de biens.*

La communauté est une société de biens entre le mari et la femme; s'il n'intervient pas de dispositions particulières, la loi en détermine les effets.

§ 4. *Régime exclusif de communauté.*

Le régime exclusif de communauté est celui sous lequel les époux ont déclaré se marier sans communauté; chacun alors conserve son patrimoine, et les biens de la femme ne sont pas de droit inaliénables.

§ 5. *Séparation de biens.*

C'est celui sous lequel la femme conserve l'administration et la jouissance de ses biens, sauf la contribution qu'elle doit fournir pour subvenir aux charges du mariage.

§ 6. *Régime dotal.*

C'est celui sous lequel la dot est envisagée d'une manière spéciale et où les biens qui la composent sont de droit inaliénables.

CHAPITRE XXII. — CONDITIONS ESSENTIELLES POUR LA VALIDITÉ DES CONVENTIONS.

Quatre conditions sont essentielles :
1° Le consentement de la partie qui s'oblige ;
2° Sa capacité de contracter ;
3° Un objet certain qui forme la matière de l'engagement ;
4° Une cause licite dans l'obligation.

§ 1er. *Du consentement.*

L'erreur, la violence ou la surprise vicient le consentement, mais il faut que l'erreur porte sur la substance même de la chose qui en fait l'objet ; lorsqu'elle porte sur la personne, il faut que cette personne ait été la cause principale de la convention.

§ 2. *Des autres conditions.*

L'obligation sans cause, ou sur une fausse cause, ou sur une cause illicite, ne peut avoir d'effet.

Toute obligation de faire ou de ne pas faire se résout en dommages-intérêts, en cas d'inexécution.

Lorsqu'une clause est susceptible de deux sens, on doit plutôt l'entendre dans celui avec lequel elle peut avoir quelque effet, en consultant la raison et les usages.

Le doute est en faveur de la personne qui a contracté l'obligation.

Les conventions n'ont d'effet qu'entre les parties contractantes.

§ 3. *Des obligations solidaires.*

La solidarité ne se présume point.

Le payement fait par l'un des débiteurs solidaires libère tous les autres ; les poursuites contre l'un interrompent la prescription contre tous. Celui qui a payé a son recours contre les autres coobligés. L'insolvabilité de l'un des débiteurs ne reste

pas à la charge de celui qui a payé, la perte se répartit entre tous par contribution.

§ 4. *Du payement.*

Ce qui est payé sans être dû est sujet à répétition ; lorsqu'il s'agit d'une obligation naturelle volontairement acquittée, il n'y a pas lieu à répétition.

Lorsque le débiteur est décédé, ses héritiers ne sont tenus que pour leur part héréditaire dans les dettes divisibles.

Les frais de payement sont à la charge du débiteur.

Si le débiteur se contente d'une quittance sur papier libre, c'est lui qui supporte l'amende, quand elle est présentée en justice.

La quittance donnée par un notaire des frais d'actes reçus fait présumer le payement des actes antérieurs.

CHAPITRE XXIII. — DE LA CESSION DE BIENS.

La cession de biens est ou volontaire ou judiciaire.

Volontaire quand elle est acceptée de gré à gré.

La cession judiciaire est un bénéfice que la loi accorde au débiteur malheureux et de bonne foi, auquel il est permis, pour avoir la liberté de sa personne, de faire en justice l'abandon de tous ses biens à ses créanciers.

La cession judiciaire nous vient des Romains; chez eux toute dette emportait la contrainte par corps ; il fallait payer *aut in œre, aut in cute;* le créancier pouvait faire travailler son débiteur comme esclave. Cette rigueur fut modérée par décret. (Lois de Jules César.)

§ 1er. *Causes d'exclusion.*

Sont exclus du bénéfice de la cession de biens :

1º Les étrangers, à moins qu'il n'y ait des traités permettant aux Français d'être admis à la cession de biens, dans le pays de ces étrangers, ou qu'ils aient été admis à la jouissance des droits civils (art. 13); 2º les stellionataires. Ils ne sont pas de bonne foi, mais il faut qu'ils soient en état de stellionat au moment de la demande, autrement l'exception ne saurait leur être opposée ; 3º les personnes condamnées pour cause de vol ou d'escroquerie; 4º les personnes comptables; 5º les tuteurs et administrateurs : 6º les dépositaires.

§ 2. *Formalités.*

Le débiteur est tenu de déposer au greffe du Tribunal civil son bilan, ses livres, s'il en a, ses titres actifs.

§ 3. *Effets de la cession.*

La cession opère la décharge de la contrainte par corps.

Elle comporte l'abandon de tous les biens du débiteur.

Elle le libère jusqu'à concurrence de la valeur des biens abandonnés.

Le débiteur peut retenir les objets que la loi déclare insaisissables. C. procéd., art. 581-582.

Il peut demander à retenir ce qui lui est indispensable et à les conserver à titre de secours.

CHAPITRE XXIV. — DE LA NOVATION.

La novation s'opère de deux manières : 1° lorsque le débiteur contracte envers son créancier une nouvelle dette qui est substituée à l'ancienne, laquelle est éteinte ; 2° lorsqu'un nouveau débiteur est substitué à l'ancien.

La novation ne se présume pas.

CHAPITRE XXV. — DE LA LIBÉRATION.

§ 1er. *Remise de la dette.*

En général, la remise du titre fait preuve de la libération.

§ 2. *Compensation.*

La compensation a lieu lorsque deux personnes se trouvent mutuellement débitrices, l'une envers l'autre. Art. 1289.

Pour que la compensation ait lieu de plein droit, il faut 1° que l'objet de l'une et l'autre dette soit de même espèce ; 2° que les deux dettes soient liquides ; 3° qu'elles soient également exigibles ; 4° qu'elles soient personnelles aux parties par qui et contre qui la compensation est demandée.

Si l'une des créances produisait des intérêts, ils cessent de courir.

La compensation arrête la prescription ; elle s'est produite *ipso facto* à l'insu même des parties.

Les priviléges et hypothèques qui étaient l'accessoire de la dette s'éteignent du jour de la compensation.

La créance compensée ne peut plus être cédée.

L'offre de compenser rend non recevable à contester l'existence de la dette.

Elle ne peut plus avoir lieu quand il existe une saisie-arrêt, à moins que la créance à offrir en compensation existât avant l'opposition.

L'héritier bénéficiaire peut exciper de la compensation.

La compensation opérée avant l'ouverture de la faillite produit tous ses effets.

§ 3. *Perte de la chose due.*

Lorsque le corps qui faisait l'objet de l'obligation vient à périr, est mis hors du commerce ou se perd de manière qu'on en ignore absolument l'existence, l'obligation est éteinte, si la chose a péri ou a été perdue sans la faute du débiteur et avant qu'il fût en demeure.

Peu importerait même qu'il eût été mis en demeure, s'il ne s'était pas chargé des cas fortuits.

§ 4. *Nullité ou rescision des conventions.*

L'action en nullité se prescrit par dix ans. Il n'y a pas restitution pour cause de lésion lorsqu'elle résulte d'un événement casuel et imprévu.

Le mineur commerçant, banquier ou artisan, n'est point restituable contre les engagements qu'il a pris à raison de son commerce ou de son art.

CHAPITRE XXVI. — DES PREUVES.

§ 1er *Du titre authentique.*

L'acte authentique est celui qui est reçu par officiers publics, ayant capacité, et dans les formes prescrites.

L'acte authentique défectueux vaut comme acte sous seing privé, s'il a été signé par toutes les parties.

Les contre-lettres ne peuvent avoir leur effet qu'entre les parties contractantes.

§ 2. *De l'acte sous seing privé.*

L'acte sous seing privé non contesté ou reconnu judiciairement a la même foi que l'acte authentique ; si la signature est désavouée, la vérification a lieu en justice.

Si l'acte contient des conventions synallagmatiques, il en faut autant d'originaux que de parties, et mention doit en être faite.

Un original suffit pour toutes les personnes ayant le même intérêt.

Il faut un *bon* ou *approuvé*, portant en toutes lettres la somme ou la quantité de la chose s'il s'agit d'un billet ou d'une promesse.

Excepté dans le cas où l'acte émane de marchands, artisans, laboureurs, vignerons, gens de journée ou de service.

Les registres des marchands ne font point foi contre les personnes non marchandes, et font preuve contre eux.

§ 3. *Des tailles.*

Les tailles corrélatives font foi entre les personnes qui sont dans l'usage de constater ainsi les fournitures qu'elles font ou reçoivent en détail.

§ 4. *De la preuve testimoniale.*

Pour toute somme ou valenr excédant cent cinquante francs, les témoins ne peuvent être entendus pour ou contre.

§ 5. *De l'aveu de la partie.*

L'aveu judiciaire est la déclaration faite en justice. Il fait foi contre celui qui l'a fait. Il ne peut être divisé. Il ne peut être révoqué, à moins qu'on ne prouve qu'il a été la suite d'une erreur de fait.

§ 6. *Du serment.*

Le serment est un acte religieux par lequel une personne prend Dieu à témoin de la vérité d'un fait ou de la sincérité d'une promesse.

§ 7. *Du serment décisoire.*

C'est celui qu'une partie défère à l'autre pour en faire dépendre le jugement de la cause.

Celui auquel le serment est déféré, qui le refuse ou ne consent pas à le référer à son adversaire, ou l'adversaire à qui il a été référé et qui le refuse, doit succomber dans sa demande ou son exception.

Le serment déféré au débiteur principal libère les cautions et les codébiteurs ; le serment n'a aucun effet à l'égard des tiers.

Celui qui a prêté un faux serment encourt les peines portées par l'art. 366 du Code pénal.

§ 8. *Du serment supplétoire.*

On donne ce nom au serment que dans l'insuffisance des preuves le juge défère lui-même à l'une des parties.

§ 9. *Serment* in litem.

C'est celui déféré par le juge pour déterminer le montant de la condamnation. Il peut être déféré à un mineur.

CHAPITRE XXVII. — DES DÉLITS ET DES QUASI-DÉLITS.

Tout fait quelconque de l'homme qui cause à autrui un dommage oblige celui par lequel il arrive à le réparer.

CHAPITRE XXVIII. — DE LA VENTE.

La vente est la convention par laquelle l'un s'oblige à livrer une chose et l'autre à la payer. Art. 1582.

Trois choses sont de la nature ou de l'essence de la vente : le consentement, la chose, le prix.

§ 1er. *Du consentement.*

Le consentement doit porter sur la chose, sur la quotité du prix, sur les termes du payement.

Le consentement doit être exempt de dol, d'erreur ou de violence. Promesse de vente vaut vente.

§ 2. *Des arrhes.*

On désigne sous le nom d'arrhes ce que l'on donne pour assurer la conclusion ou l'exécution d'un marché.

Chacun des contractants est maître de s'en départir ; celui qui les a données en les perdant, celui qui les a reçues en restituant le double. Art. 1590 et 1675.

§ 3. *De ce qui peut être vendu.*

Tout ce qui est dans le commerce peut être vendu, à moins que des lois particulières n'en aient prohibé l'aliénation.

On ne peut vendre une succession future, ni la chose d'autrui, ni les biens dotaux.

Les pensions sur l'Etat, les traitements de réforme et les pensions de la Légion d'honneur sont inaliénables.

§ 4. *Choses futures.*

Les choses futures peuvent être l'objet d'une vente, si elles sont susceptibles de rentrer dans le commerce. Art. 1130

La vente des blés en vert était valable dans le droit romain ; les lois française l'ont défendue. *Pauperes officientur, ut fortiter constringantur.*

Cependant il a été jugé que la vente des grains en vert était valable lorsqu'elle comprenait des récoltes d'une autre nature.

Les marins ne peuvent vendre à l'avance leurs parts éventuelles dans le produit des prises, sous peine de nullité des ventes, de la perte des sommes payées et d'une amende de 1,000 fr. Arrêté du 9 ventôse an IX.

§ 5. *Délivrance.*

La délivrance est le transport de la chose vendue en la puissance et possession de l'acheteur.

La délivrance doit se faire au lieu où était, du temps de la vente, la chose qui en fait l'objet, à moins de conventions contraires.

§ 6. *Défaut de payement.*

Si l'acheteur ne paye pas son prix, le vendeur peut demander la résolution de la vente, après mise en demeure.

Si le vendeur a été lésé de plus de sept douzièmes dans le prix d'un immeuble, il a le droit de demander la rescision de vente, mais dans le délai de deux ans de la vente.

§ 7. *Réméré. Faculté de rachat.*

La faculté de rachat ou de réméré est un fait par lequel le vendeur se réserve de reprendre la chose vendue moyennant la restitution du prix principal et des accessoires.

Cette faculté ne peut excéder cinq ans.

CHAPITRE XXIX. — TRANSFERT DES CRÉANCES.

Celui contre lequel on a cédé un droit litigieux peut s'en faire tenir quitte par le cessionnaire, en lui remboursant le prix réel de la cession, avec les frais, loyaux coûts et intérêts.

Cette faculté cesse :

1° Dans le cas où la cession a été faite à un cohéritier ou copropriétaire ; 2° à un créancier, en payement de ce qui lui est dû ; 3° au propriétaire de l'héritage sujet au droit litigieux.

CHAPITRE XXX. — CONTRAT DE LOUAGE.

Il y a deux sortes de contrats de louage, celui des choses et celui de l'ouvrage.

On ne peut engager ses services qu'à temps ou pour une entreprise déterminée,

§ 1er. *Devis et marchés.*

On appelle devis un état énonciatif de la nature, de la qualité, de l'ordre, de la distribution des ouvrages qu'on se propose de faire, de la nature, de la qualité, de la quantité et du prix des matériaux qui doivent être employés.

Le marché est la convention qui constate ces diverses conditions des travaux à exécuter.

L'entrepreneur répond du fait des personnes qu'il emploie.

§ 2. *Responsabilité.*

Les constructeurs d'édifice, les architectes et entrepreneurs, sont responsables de la perte totale ou partielle des édifices construits à prix fait, soit qu'elle résulte d'un vice de construction ou d'un vice du sol ; ils sont aussi responsables des gros ouvrages qu'ils ont faits et dirigés.

La durée de la responsabilité est de dix ans, à partir de la réception des travaux.

Il y a lieu à responsabilité quand les règlements spéciaux ont été enfreints.

La faillite de l'entrepreneur ne met pas fin au marché.

§ 3. *Baux et loyers.*

On peut louer toutes sortes de biens, meubles et immeubles.

Les baux consentis par un fol enchérisseur sont valables.

Pour être obligatoire la promesse de bail doit exprimer la chose louée, le prix de la location, l'acceptation et le consentement respectifs des parties.

Dans ces conditions, l'une des parties ne peut se refuser à l'exécution en offrant des dommages-intérêts.

§ 4. *Obligations du bailleur.*

Il doit tenir le locataire clos et couvert, faire par conséquent aux ouvertures les réparations nécessaires pour qu'il ne pleuve pas dans le bâtiment, et maintenir les fenêtres et les portes en tel état, que le locataire soit à l'abri de toute agression et de l'intempérie des saisons. En un mot, il est chargé de toutes les réparations autres que celles locatives.

Les réparations locatives sont celles à faire aux âtres, contre-cœurs, chambranles et tablettes de cheminées ;

Au recrépement du bas des murailles, des appartements et autres lieux d'habitation, à la hauteur d'un mètre ;

Aux pavés et carreaux des chambres, lorsqu'il y en a seulement quelques-uns de cassés ;

Aux vitres, à moins qu'elles ne soient cassées par la grêle, ou autres accidents extraordinaires et de force majeure ;

Aux portes, croisées, planches de cloisons ou fermetures de boutiques, gonds, targettes et serrures.

Aucune des réparations locatives n'est à la charge du locataire, quand elles ne sont occasionnées que par vétusté ou force majeure.

Le curement des puits et celui des fosses d'aisance sont à la charge du bailleur.

Ce dernier doit garantir le preneur de tous troubles.

S'il y a des réparations urgentes, le locataire est tenu de les souffrir, quand bien même il serait privé d'une partie du local; si elles durent plus de quarante jours, il y a lieu à des dommages-intérêts.

Si l'habitation est impossible, le preneur peut faire résilier le bail.

Le bailleur ne peut, pendant la durée du bail, changer la forme de la chose louée.

§ 5. *Obligations du preneur.*

Il doit jouir de la chose louée en bon père de famille et, à moins de conventions contraires, lui conserver sa destination.

Il doit restituer en bon état ou dans l'état où il a pris la localité.

S'il n'y a pas eu d'état des lieux, il est censé les avoir pris en bon état.

Le preneur a le droit de sous-louer ou de céder son bail en tout ou en partie, à moins que cette faculté ne lui ait été interdite.

Il demeure responsable en cas de cession.

Les payements faits à leur échéance, par le sous-locataire, ne peuvent pas être critiqués par le propriétaire.

Le locataire est tenu de garnir les lieux de meubles ou effets suffisants pour répondre des loyers.

§ 6. *Baux à ferme.*

Le preneur d'un héritage rural doit le garnir de bestiaux et ustensiles nécessaires à son exploitation.

Le fermier doit cultiver en bon père de famille. Ainsi, s'il s'agit d'une vigne, la façonner, la fumer, l'entretenir d'échalas, la provigner; d'une terre, l'entretenir d'engrais, ménager ses forces et lui donner les façons en temps convenable.

Le fait de reprendre les terres affermées sans faire constater leur état rend le bailleur non responsable à réclamer indemnité pour prétendu défaut d'engrais.

Le preneur d'un bien rural est tenu d'avertir le propriétaire des usurpations qui se commettent sur son fonds.

Il y a lieu à indemnité en certains cas de pertes de récoltes. Art. 1349-1350 C. Nap.

Si, à l'expiration des baux ruraux écrits, le preneur reste et est laissé en possession, il s'opère un nouveau bail de même durée et aux mêmes conditions que le précédent.

CHAPITRE XXXI. — CONTRAT DE SOCIÉTÉ.

La société est un contrat par lequel deux ou plusieurs personnes conviennent de mettre quelque chose en commun, dans la vue de partager le bénéfice qui pourrait en résulter.

Toutes les choses qui sont dans le commerce peuvent faire l'objet d'une société.

L'industrie d'un des associés ou son crédit peuvent constituer un apport social.

La stipulation qu'en se partageant les bénéfices l'un des associés ne supporterait pas les pertes serait léonine et vicierait le contrat.

Toute société est civile à moins qu'elle n'offre les caractères particuliers des sociétés commerciales.

§ 1er. *Forme du contrat de société.*

L'acte de société doit être rédigé en autant de doubles qu'il y a de parties ayant un intérêt distinct.

Dans aucun cas, la preuve testimoniale ne doit être admise pour ou contre le contenu de l'acte de société, encore qu'il s'agisse de somme ou valeur moindre de 150 francs. Art. 1834.

Mais les sociétés et prorogations de sociétés non commerciales, dont la valeur est même supérieure à 150 francs, peuvent être prouvées par témoins quand il y a un commencement de preuve par écrit.

Lorsque l'acte écrit a été perdu, la preuve testimoniale est admise, même sans commencement de preuve par écrit.

§ 2. *Des sociétés universelles.*

C'est la société de tous biens présents et à venir et celle de gains.

La simple mention de société universelle ne comporte que celle des gains.

§ 3. *Société de tous biens présents.*

C'est celle par laquelle les parties mettent en commun tous les biens meubles et immeubles qu'elles possèdent actuellement et les profits qu'elles peuvent en tirer. Art 1837.

La société de tous biens présents doit supporter les frais de nourriture et d'entretien des associés et de leurs enfants.

§ 4. *Société universelle de gains.*

La société universelle de gains comprend tout ce que les parties acquièrent par leur industrie, à quelque titre que ce soit, les meubles qu'ils possèdent et les revenus de leurs immeubles. Suivant M. Troplong, la société ne pourrait se plaindre de ce qu'un des associés aurait employé ses immeubles pour doter ses enfants.

§ 5. *Des sociétés particulières.*

C'est le nom donné à toute société qui ne s'applique qu'à certaines choses déterminées, à leur usage ou aux fruits à en percevoir.

§ 6. *Durée des sociétés.*

A défaut de convention à cet égard, la société est censée formée pour toute la vie des associés, ou. s'il s'agit d'une affaire spéciale, pour tout le temps que doit durer cette affaire.

§ 7. *Apport des associés.*

Chaque associé est débiteur envers la société de ce qu'il a promis d'y apporter, à peine de dissolution et de dommages-intérêts.

§ 8. *Administration de la société.*

Si les gérants ont été nommés par le contrat, la nomination est irrévocable, puisque c'est une des conditions du contrat, à moins qu'il n'y ait fraude ou faute grossière. Si la nomination est postérieure, les gérants sont considérés comme agissant en vertu d'un mandat, et le mandat est révocable. Art. 1856.

La majorité l'emporte dans les résolutions à prendre. Si aucun des avis n'a cette majorité, on doit s'abstenir.

Lorsqu'il s'agit d'innover, l'unanimité est nécessaire.

§ 9. *Liquidation.*

Le liquidateur ne peut que prendre les moyens qui sont dans l'usage et l'intérêt du commerce. La société se continue en la personne des liquidateurs.

L'associé qui s'est retiré de la société, du consentement de ses associés, avant qu'il y ait perte, n'est point passible des dettes sociales.

CHAPITRE XXXII. — DÉPÔT ET SÉQUESTRE.

§ 1er. *Du dépôt.*

Le dépôt, en général, est un acte par lequel on reçoit la chose d'autrui, à la charge de la garder et de la restituer en nature.

§ 2. *Dépôt proprement dit.*

Ce dépôt est essentiellement gratuit.

La remise de fonds à un notaire doit être considérée comme un dépôt volontaire.

La remise de titres à un avoué constitue un mandat.

Le déposant peut toujours déférer le serment au prétendu dépositaire.

Le dépositaire a deux obligations principales, conserver et restituer.

Il n'est pas tenu des accidents de force majeure, à moins qu'il ne soit en retard de restituer.

Il ne peut se servir de la chose déposée.

Le déposant est tenu de restituer toutes les dépenses faites pour la conservation de la chose déposée.

§ 3. *Du séquestre.*

Le séquestre est ou conventionnel ou judiciaire.

§ 4. *Séquestre conventionnel.*

Le séquestre conventionnel est le dépôt fait entre les mains d'un tiers d'une chose contentieuse, à charge de remettre à qui sera jugé propriétaire.

§ 5. *Séquestre judiciaire.*

C'est celui qui est fait par décision de juge, soit d'office, soit à la réquisition des parties, et qui a lieu lorsque plusieurs personnes prétendent à la propriété de la même chose.

§ 6. *Séquestre de guerre.*

C'est la main-mise d'un gouvernement qui est en guerre contre un autre, sur les biens que possèdent sur son territoire et le gouvernement ennemi et ses sujets.

CHAPITRE XXXIII. — DES CONTRATS ALÉATOIRES.

Le contrat aléatoire est une convention réciproque dont les effets, quant aux avantages et aux pertes, soit pour toutes les parties, soit pour l'une ou plusieurs d'elles, dépendent d'un événement incertain

§ 1er *Jeu et pari.*

La loi n'accorde aucune action pour une dette de jeu ou pour le payement d'un pari.

Les jeux propres à exercer au fait des armes, les courses à pied ou à cheval, les courses en chariot, le jeu de paume et les autres jeux de même nature qui tiennent à l'adresse et à l'exercice du corps sont exceptés. Néanmoins le tribunal peut rejeter la demande quand elle est excessive.

Dans aucun cas le perdant ne peut répéter ce qu'il a volontairement payé, à moins qu'il n'y ait eu de la part du gagnant vol, supercherie ou escroquerie.

§ 2. *Contrats de rentes, assurances.*

On peut se faire assurer au profit de telle personne désignée à l'avance. Une police d'assurance peut être endossée au profit d'un tiers.

CHAPITRE XXXIV. — DU MANDAT.

Le mandat ou procuration est un acte par lequel une personne donne à une autre le pouvoir de faire quelque chose pour le mandant et en son nom.

Le mandat est gratuit, s'il n'y a convention ou présomption contraire.

Le mandataire répond des fautes qu'il commet. Il est tenu de rendre compte de sa gestion, et des actes de celui qu'il s'est substitué, quand il n'en a pas reçu autorisation spéciale, avec désignation de personne.

Le mandant doit tenir compte au mandataire de ses dépenses utiles.

Le mandat est toujours révocable.

CHAPITRE XXXV. — DU CAUTIONNEMENT.

Le cautionnement est l'engagement ou contrat par lequel une personne s'oblige envers le créancier à acquitter la dette d'un tiers dans le cas où celui-ci ne l'acquitterait pas lui-même.

Le cautionnement doit être exprès; si l'obligation principale n'était pas valable, le cautionnement serait nul.

La caution qui a payé a son recours contre celui pour lequel elle a payé, mais il faut qu'elle l'ait prévenu que le payement a eu lieu, afin d'empêcher un second payement de la part de celui-ci.

La caution poursuivie peut mettre en cause le cautionné.

La faillite ou la déconfiture du débiteur ne prive pas la caution du bénéfice du terme.

La caution est déchargée lorsque la subrogation aux droits, hypothèques et priviléges du créancier ne peut plus s'opérer par le fait de ce créancier : pour cela il faut un *fait positif* de la part du créancier.

La novation opérée à l'égard du débiteur principal libère les cautions. Le sursis accordé au débiteur profite à la caution.

La caution judiciaire ne peut point demander la discussion du débiteur principal.

CHAPITRE XXXVI. — DES TRANSACTIONS.

La transaction est un contrat par lequel les parties terminent une contestation née ou préviennent une contestation à naître.

La transaction tient lieu de loi à ceux qui l'ont faite. Elle est assimilée à la chose jugée.

La transaction faite avec le débiteur principal profite à la caution, mais celle faite avec la caution ne profite pas au débiteur ; ce que la caution aurait payé viendrait à la décharge du débiteur. Si le débiteur se libère en entier, la caution est relevée des promesses de la transaction.

L'erreur de calcul, dans une transaction, doit être réparée.

Le délai pour attaquer la transaction est de dix ans. Art. 1304.

La transaction n'empêche pas la poursuite du ministère public.

CHAPITRE XXXVII. — CONTRAINTE PAR CORPS.

L'origine de la contrainte par corps remonte aux époques les plus reculées de la barbarie.

En France, elle existe de temps immémorial. Philippe le Bel la restreignit aux cas où le débiteur s'y soumettait volontairement, et dès lors ce devint une clause de style que l'on inséra dans tous les contrats.

Cas d'exemption.

La contrainte ne peut être prononcée 1° contre le mineur non commerçant ;

2° Contre les septuagénaires, les femmes et les filles, excepté en cas de stellionat.

Les agents diplomatiques sont à l'abri de la contrainte par corps.

La contrainte n'est jamais prononcée contre le débiteur au profit 1° du mari ou de la femme, de ses ascendants, descendants, frères, sœurs ou alliés au même degré.

Ces exceptions profitent à la parenté adoptive et naturelle.

L'alliance n'est pas détruite par la mort sans enfant de celui qui l'opérait.

CHAPITRE XXXVIII. — NANTISSEMENT.

Le nantissement est un contrat par lequel un débiteur donne une chose à son créancier pour sûreté de la dette.

Le nantissement d'une chose mobilière s'appelle gage, et antichrèse celui d'une chose immobilière.

§ 1er. *Du gage.*

Le gage confère un droit de préférence.

Ce privilége doit ressortir d'un acte public ou sous seing privé, enregistré (art. 2074), et il faut que le gage ait été remis au créancier ou à un tiers (art. 2076). Le créancier ne peut disposer du gage que par décision judiciaire.

§ 2. *Antichrèse.*

L'antichrèse s'établit par écrit. Le créancier n'acquiert par ce contrat que la faculté de percevoir les fruits de l'immeuble, à la charge de les imputer annuellement sur les intérêts, s'il en est dû, et ensuite sur le capital.

CHAPITRE XXXIX. — PRIVILÉGES ET HYPOTHÈQUES.

Le tableau tracé par César des mœurs des Gaulois (*De Bello Gallico*, lib. 6) nous donne lieu de penser que l'hypothèque n'existait pas à cette époque, où les champs n'appartenaient en propre à personne.

Aujourd'hui, d'après le Code, les biens du débiteur sont le gage commun de ses créanciers, à moins qu'il n'y ait des causes légitimes de préférence; ces causes sont les priviléges et hypothèques.

CHAPITRE XL. — DE L'EXPROPRIATION.

Il y a plusieurs sortes d'expropriation.

§ 1er. *Expropriation pour cause d'utilité publique.*

Sous notre ancienne législation, l'expropriation pour cause d'utilité publique s'appelait retrait d'utilité publique. C'est ainsi que Louis XV a acquis les terrains consacrés à l'exécution de quelques-unes des principales routes de France.

§ 2. *Expropriation à titre particulier.*

Le créancier peut poursuivre l'expropriation : 1° des biens immobiliers et de leurs accessoires réputés immeubles, appartenant en propriété à son débiteur ; 2° l'usufruit appartenant au débiteur sur les biens de même nature.

CHAPITRE XLI. — PRESCRIPTION.

L'existence de la prescription nous est indiquée dans divers passages des anciens auteurs ; Démosthènes, en plaidant pour Phormion, oppose une fin de non-recevoir tirée d'une prescription établie par les lois de Solon.
On la retrouve dans les lois des Douze Tables.

§ 1er. *Moyen tiré de la prescription.*

La prescription peut être opposée en tout état de cause ; on ne peut d'avance y renoncer ; mais on peut ne pas l'invoquer. Un payement partiel est une présomption de renonciation.

§ 2. *Possession conduisant à la prescription.*

Pour pouvoir prescrire, il faut une possession continue et non interrompue, paisible, publique, non équivoque et à titre de propriétaire.
Pour compléter la prescription, on peut joindre à sa possession celle de son auteur.

§ 3. *Prescription trentenaire.*

Toutes les actions tant réelles que personnelles se prescrivent par trente ans même au profit du détenteur de mauvaise foi.
Après vingt-huit ans de la date d'un titre, le débiteur d'une rente peut être contraint à fournir un acte nouvel (2263).

§. 4. *Prescription de vingt ou dix ans.*

Celui qui acquiert de bonne foi et par juste titre un immeuble en prescrit la propriété, par dix ans, si le véritable propriétaire habite dans le ressort de la cour d'appel dans l'étendue de laquelle l'immeuble est situé, et par vingt ans, s'il est domicilié hors dudit ressort.
L'Etat est censé présent partout.

§ 5. *Prescription de six mois, un an, deux ans.*

L'action des maîtres et instituteurs des sciences et arts, pour les leçons qu'ils donnent au mois ; celle des hôteliers et traiteurs, à raison du logement et de la nourriture qu'ils fournissent ; celle des ouvriers et gens de travail pour le payement de leurs journées, fournitures et salaires, se prescrivent par six mois.

L'action des médecins, chirurgiens, apothicaires, pour leurs visites, opérations ou médicaments; celle des huissiers pour le salaire des actes qu'ils signifient et des commissions qu'ils exécutent: celle des marchands, pour les marchandises qu'ils vendent aux particuliers, non marchands; celle des maîtres de pension, pour le prix de la pension de leurs élèves, et des autres maîtres, pour le prix de l'apprentissage; celle des domestiques qui se louent à l'année, pour le payement de leur salaire, se prescrivent par un an.

Il en est de même des professeurs qui vivent chez les parents de leurs élèves.

La prescription de six mois n'est point applicable à l'action du professeur en payement des leçons qu'il a données, non au mois, mais à l'année.

Les pharmaciens ont autant de créances différentes qu'ils ont de fournitures.

La prescription d'un an ne peut s'opposer de marchand à marchand, à moins qu'il ne s'agisse de fournitures étrangères au commerce de celui qui excipe de ce moyen de libération.

§ 6. *Prescription quinquennale.*

Les arrérages de rentes perpétuelles et viagères, ceux des pensions alimentaires; les loyers des maisons et le prix des fermes des biens ruraux; les intérêts des sommes prêtées, et généralement tout ce qui est payable par année ou à des termes périodiques plus courts, se prescrivent par cinq ans.

Les effets de commerce se prescrivent aussi par cinq ans.

Paris — Imprimerie A. Wittersheim, rue Montmorency, .